초등공부기술 시리즈 01

1등의공부기술
초등 노트 정리

양영심 지음

서사원주니어

들어가며

초등학교 6년,
이내 다가올 본격적인 학습의 시간을 준비하며
나에게 맞는 공부 방법을 찾는 기간

우리 모두, '잘' 하고 싶다!

이십 년 가까이 초등 교사로서 많은 학생들을 만나 깨달은 사실은 우리 친구들 대부분이 공부를 잘하고 싶어 한다는 것이에요. 이미 공부를 잘하고 있는 학생도, '공부, 왜 해야 하는 건데요?' 되묻는 학생도 모두 공부에 대한 갈망과 의지를 갖고 있습니다. 그러나 마음먹고 책상 앞에 앉아도 공부를 어떻게 해야 하는지 몰라서 시작조차 하지 못하는 경우가 많습니다.

공부에 욕심이 생긴 초등학생 친구들에게 선생님이 제안하는 것은 '노트 정리'입니다. 노트 정리는 공부를 제대로 할 수 있도록 돕는 도구이면서 동시에 제대로 된 학습의 결과를 보여주는 역할을 해요. 배운 내용을 자신의 언어로 노트에 정리하는 과정을 거치면 학습한 내용을 더 잘 기억하게 되고, 수업 시간에 보다 적극적으로 참여할 수 있습니다. 유일무이한 나만의 비법 노트가 있다는 든든함과 자신감이 생기는 것은 물론이고, 학습의 과정을 되돌아보며 잘한 점과 부족한 점을 스스로 찾아 보완하는 자기 성찰 능력도 키울 수 있어 효과적이죠.

이 책은 크게 <본책>과 <연습 교과서> 두 부분으로 나누어져 있어요.

본책에서는 먼저 교과서 내용을 바르게 읽어내는 방법을 소개합니다. 그후 노트를 정리할 때 필요한 생각의 과정을 단계별 질문으로 차근차근 엮어보았어요. 책에서 제시하는 노트의 형식은 세 가지로, 노트별로 익혀야 하는 전략이 다릅니다. 차분히 학습하며 하나씩 자신의 것으로 만들길 바랍니다.

여러분이 스스로 노트 정리를 연습할 때 사용할 수 있도록 연습 교과서를 별도로 담았어요. 사회 교과 6차시, 과학 교과 6차시 분량이랍니다. 사회는 내용이 광범위하고 분량이 많아 노트 정리가 꼭 필요한 교과예요. 그래서 여러분이 직접 노트 정리를 연습해 볼 때에는 사회 연습 교과서를 우선 활용하길 바랍니다. 사회 연습 교과서로 노트 정리 방법을 충분히 익혔다면 이를 활용해 과학 교과 내용도 노트에 정리해 보세요.

한 가지 당부하고 싶은 것은 노트 정리의 과정이 특정한 정리 '기술'을 익히거나 '쓰는 행위 자체'에 치우치면 안 된다는 거예요. 노트 정리의 목적을 꼭 기억하세요. 우리가 노트 정리를 하는 이유는 자기주도적으로 공부하는 데 필요한 수단과 능력을 갖기 위함입니다. 정리가 끝난 후에도 자신만의 정리 노트를 손에서 놓지 않고 반복적으로 들여다보며 복기하는 시간을 가져야 온전히 나의 지식으로 만들 수 있습니다.

한번쯤은 내가 지금 하고 있는 공부에 온 힘을 쏟아 제대로 해보면 좋겠습니다. 이왕 제대로 공부하겠다고 마음먹었다면 기꺼이 노트 정리도 해보고요. 요령을 피우거나 요행을 바라지 않고 정공법으로! 공부한 내용을 차곡차곡 노트에 정리하면서 새로운 지식을 체화하는 방법을 습득한다면, 훗날 세상에 나가 삶을 알고 배우는 것 또한 어렵지 않을 거예요. 생각해 보면 우리의 삶에 공부가 아닌 것이 없으니까요.

이 책이 '나도 공부를 잘하고 싶다'는 여러분의 바람을 이루는 데 도움이 되길 바라요.

저자 양영심

이 책의 구성과 특징

1등의 공부 기술, 초등 노트 정리!
그 활용법을 지금부터 하나씩 살펴봐요.

노트 정리 알아보기

노트 정리에 필요한 기본 개념을 배워요.
노트 정리는 무엇인지, 필요한 준비물은
어떤 것이 있는지 알아봅니다. 또, 노트를 정리할 때
함께 활용할 여러 시각화 기술도 익히고,
본격적으로 노트 정리법을 배우기 전에
기본을 다지는 준비 단계입니다.

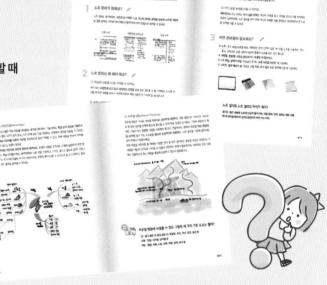

교과서 읽기 전략

제대로 된 학습은 교과서를 올바로 읽는 것에서 시작해요.
하지만 처음 시작하는 학생들은 어떻게 교과서를 읽어야
할지 잘 모르는 경우가 많아요. 그래서 노트 정리법을 배우
기에 앞서 제대로 된 교과서 읽기 전략을 배웁니다.

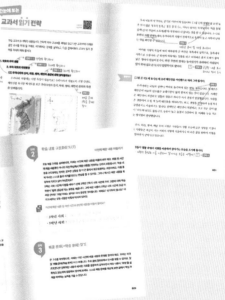

하루 배움 노트

오늘 하루 배운 내용을 시간표 순서대로 한 페이지에
정리하는 방식이에요. 노트 한 권에 모든 교과의 내용을
담는 가장 쉬운 형태의 노트 정리법이지요.
핵심 단어, 핵심 문장을 찾는 연습을 해 보세요.

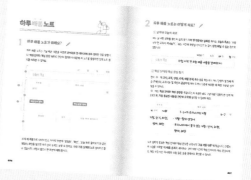

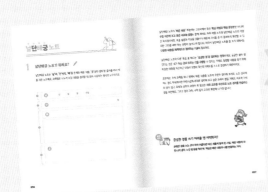

날단배궁 노트

날짜, 단원명, 배움 문제와 배운 내용, 궁금한 점을
정리한 노트입니다. 날단배궁 노트 정리의 기본 기술과
좋은 질문을 하는 방법에 대해 배워 보세요.

코넬 노트

노트를 내용 정리, 핵심 단어, 요약의 세 가지 영역으로
나누어 학습 내용을 체계적으로 정리하는 방식이에요.
수업 시간 전, 중, 후에 노트를 어떻게 활용하면
좋을지 학습해 보세요.

책속의 책! 연습 교과서

노트 정리를 실제로 해 볼 수 있도록 연습 교과서에
사회 6차시, 과학 6차시 분량의 교과 내용이 수록되어
있습니다. QR 코드로 연결된 선생님의 수업 영상과
함께 이 책에서 배운 노트 정리법을 적용해 보세요.

목차

[책속의 책] 연습 교과서

1장

노트 정리 알아보기

 **똑똑! 길잡이**

　　　　　자기주도 학습의 시작, 노트 정리의 세계에 오신 것을 환영해요! 시작이 반이라는 말이 있지요. 여러분은 이 책을 펼쳐 든 지금부터 제대로 된 공부의 길로 반쯤 걸어 나온 거나 다름없어요. 먼저 노트 정리는 무엇인지, 노트 정리를 왜 해야 하는지, 그렇다면 필요한 준비물은 무엇인지 함께 알아봐요.

노트 정리 알아보기

1 노트 정리가 뭐예요?

노트 정리는 정리하려는 내용을 잘 이해한 다음, 자신의 언어로 체계를 갖추어 노트에 기록하는 것을 말해요. 아래의 예시처럼 상황에 따라 여러 방법으로 정리할 수 있어요.

수업 노트
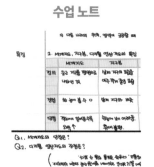

시험대비 요약노트
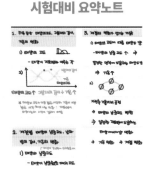

오답 노트
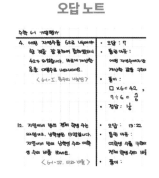

2 노트 정리는 왜 해야 해요?

① 학습한 내용을 더 잘 기억할 수 있어요.

우리 뇌는 다양하게 보고 듣고 생각하는 과정을 통해 얻은 정보를 더 잘 기억해요. 노트를 정리할 때 이런 과정을 반드시 거치게 되므로 배운 내용이 더 기억에 잘 남는답니다.

② 수업 시간에 집중하고 적극적으로 참여하게 돼요.

수업 내용 중 무엇이 중요한지 고민하고, 이를 노트에 정리하려면 엄청난 집중력을 발휘해야 해요. 또, 정리하면서 생긴 궁금증을 해결하기 위해 선생님께 질문을 하는 등 수업에 적극적으로 참여하게 된답니다.

③ 정보 처리 능력이 향상돼요.

노트 정리를 잘하기 위해서는 주제와 내용을 나만의 방식으로 정리할 수 있어야 해요. 이를 배우는 과정에서 자연스럽게 정보 처리 능력이 향상됩니다.

④ 자기 성찰 능력을 키울 수 있어요.

메타인지라고도 부르는 자기 성찰 능력은 자신이 무엇을 알고 무엇을 모르는지를 인식하는 중요한 능력이에요. 노트 정리를 하기 위해 자신이 이해한 것을 점검하고 확인하면서 자기 성찰 능력을 키울 수 있어요.

3 어떤 준비물이 필요해요?

❶ **노트**: 주로 유선 노트를 써요. 저학년은 칸의 간격이 넓은 14~17줄 노트를 사용하는 것이 좋고, 고학년은 23줄 내외의 비교적 촘촘한 노트를 쓰는 것이 좋아요.
❷ **색연필, 형광펜**: 내용을 강조하거나 보충할 때 활용해요.
❸ **L자 파일, 클리어 파일**: 선생님이 주시는 보충 자료를 보관할 때 사용해요.
❹ **스티커, 점착 메모지 등**: 지도나 그림 자료, 추가 정보 등을 정리해야 할 때 사용해요.

노트 필기와 노트 정리의 차이가 뭐지?

필기는 들은 내용을 노트에 단순히 옮겨 적는 것을 말해. 반면, 정리는 배운 내용에 내 생각을 담아서 나만의 표현으로 바꿔 쓰는 거야.

4 노트 정리에 필요한 시각화 기술은 뭐예요?

시각화 기술은 생각과 정보를 이미지로 단순하게 나타내는 것을 말해요. 이미지를 활용하면 아이디어를 빠르고 쉽게 공유할 수 있고, 주제에 대한 흥미도 높일 수 있어요. 노트 정리에 활용할 수 있는 시각화 기술은 씽킹맵, 마인드맵, 비주얼 씽킹 등이 있어요.

① 씽킹맵(Thinking Map)

씽킹맵은 다양한 생각의 과정을 시각적으로 표현하는 방법이에요. 사고력과 창의력을 높이는 데 효과적이지요. 총 8가지가 있어요. 한 번 배워 두면 학년과 과목에 상관 없이 사용할 수 있어서 매우 효과적이랍니다.

❶ **써클맵**: 어떤 대상을 정의할 때 사용해요. 가운데 있는 작은 원에는 주제, 바깥쪽 큰 원에는 주제와 관련해 떠오르는 생각을 자유롭게 적어요. 사각형의 테두리 안에는 생각의 출처, 배경을 적으면 돼요. 써클맵은 브레인스토밍을 할 때 사용해도 좋답니다.

❷ **버블맵**: 대상의 특징을 묘사할 때 사용해요. 가운데 원에 주제를, 바깥쪽 원에 대상의 특징을 적어요.

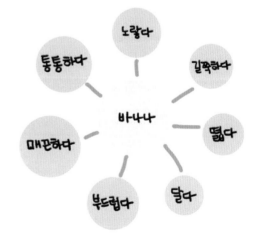

❸ **더블버블맵**: 두 개의 대상을 서로 비교·대조할 때 사용해요. 공통점은 안쪽 원에, 차이점은 바깥쪽 원에 적어요.

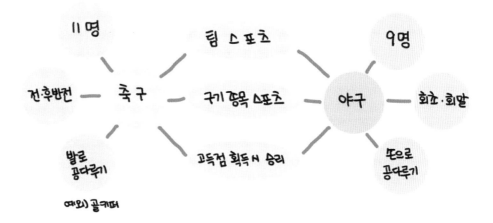

❹ **트리맵**: 어떤 주제나 대상을 분류할 때 사용해요. 중심 내용과 세부 내용을 나눌 때 쓰면 좋아요.

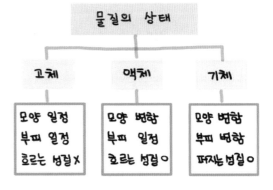

써클맵과 버블맵의 차이는 뭘까?

써클맵과 버블맵은 동그란 원을 사용해 개념을 한눈에 정리한다는 공통점이 있어. 차이점이 있다면 써클맵은 어떤 대상을 정의할 때 사용하는 방식이야. 사각형의 테두리 안에 생각의 출처와 배경을 적지. 버블맵은 대상의 특징을 묘사할 때 사용한다는 점이 다르단다.

❺ 브레이스맵: 전체와 부분의 관계를 나타낼 때 사용해요. 왼쪽에서 오른쪽으로 가지를 뻗어 나가면서 대상을 전체와 부분으로 나누어 정리합니다.

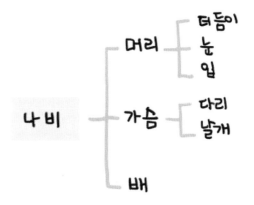

❻ 플로우맵: 사건의 흐름, 일의 절차나 단계를 나타낼 때 사용하는 방식이에요. 위에는 큰 주제를 적고, 아래에 관련 내용을 차례대로 적으면 돼요. 화살표와 함께 정리하면 큰 흐름을 한눈에 정리할 수 있다는 장점이 있답니다.

배추흰나비의 한살이

배추흰나비의 알 → 애벌레 → 번데기 → 어른벌레

선사시대 도구의 변천

구석기 시대 → 신석기 시대 → 청동기 시대 → 철기 시대
뗀석기   간석기   청동기   철기

❼ **멀티플로우맵**: 어떤 사건의 원인과 결과를 분석할 때 사용해요. 중앙에는 분석하려는 주제 혹은 사건을 적고, 주제의 왼쪽 공간에 원인을, 오른쪽에는 결과와 영향을 써요. 화살표와 색을 이용하면 좀 더 효과적으로 정리할 수 있어요.

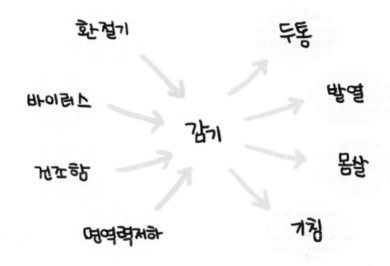

❽ **브릿지맵**: 두 단어의 관계를 바탕으로 다른 두 단어의 관계를 유추할 때 사용해요. 유추는 어떤 대상이 가지고 있는 특징을 기준으로 이와 비슷한 특징을 갖고 있는 또 다른 대상을 찾는 방법이에요. 새싹에서 어린이를 생각해 내는 것이 유추의 방식이지요. 이렇게 대상을 찾았다면, 브릿지의 위 혹은 아래에 유추한 내용을 적으면 된답니다.

큐브	통조림캔	꼬깔 모자	축구공
정육면체	원기둥	원뿔	구

4	3	7	5
16	9	49	25

② 마인드맵(Mind Map)

마인드맵은 마치 지도를 그리듯이 생각을 정리하는 기술이에요. 핵심 단어 위주로 기록하므로 정리 시간이 길지 않고, 서로 관계 있는 것을 연결하는 과정에서 생각을 정돈할 수 있어요. 색과 이미지를 사용해 개념을 직관적으로 쉽게 이해할 수 있고, 전체 내용을 한눈에 파악할 수 있다는 장점이 있지요.

주제는 이미지로 표현해 중앙에 배치해요. 주제와 연결된 주가지는 주제와 밀접하게 관련 있는 핵심 단어들이에요. 주가지마다 다른 색을 사용하고, 가지는 끝으로 갈수록 얇게 그립니다. 주가지에 연결된 부가지, 세부가지는 무한정 뻗어 나갈 수 있으므로 좀 더 다양하고 창의적인 생각을 끌어낼 수 있어요.

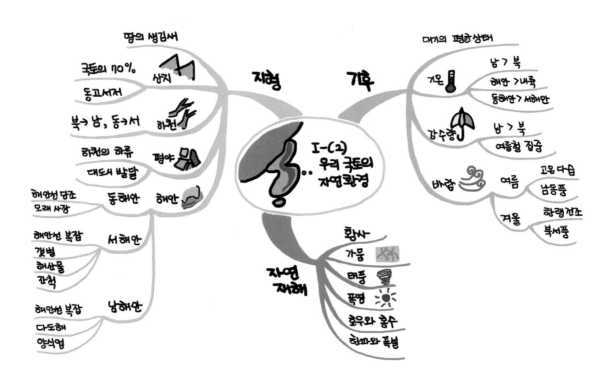

③ 비주얼 씽킹(Visual Thinking)

비주얼 씽킹은 지식과 정보를 이미지로 간단하게 표현하는 것을 말합니다. 이미지는 텍스트로 된 많은 정보를 압축해 한눈에 알아볼 수 있게 하는 장점이 있거든요. 그래서 복잡하고 화려한 그림이 아닌 간단한 그림을 이용해야 합니다. 전달하려는 생각과 대상을 직선, 화살표, 원, 삼각형 등의 기초 요소들을 활용해 상징적으로 표현해요. 나의 생각을 그림에 담아내는 것이 목적이기 때문이에요.

배운 내용을 이미지화 할 때에는 다양한 정보 중 내가 생각하는 중요한 부분은 무엇인지, 이 내용을 어떻게 이미지로 나타낼 수 있을지 고민하는 과정이 필요하지요. 이미지로 만든 다음에는 전달하고자 하는 내용을 충분히 반영하고 있는지 검토합니다.

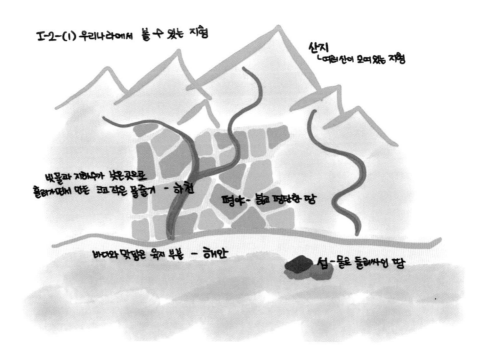

비주얼 씽킹에 사용할 수 있는 그림의 세 가지 기본 요소는 뭘까?

· 선 : 길고 짧은 선, 얇고 굵은 선, 화살표, 곡선, 직선, 점선, 실선 등

· 도형 : 원형, 사각형, 삼각형 등

· 색상 : 빨강, 주황, 노랑, 초록, 파랑, 남색, 보라 등

2장 교과서 읽기 전략

똑똑! 길잡이

제대로 된 학습은 교과서를 올바르게 읽는 것에서부터 시작합니다. 교과서를 꼼꼼하게 읽으면 중요한 내용이 무엇인지, 주요 개념들은 어떻게 연결되는지, 내가 이미 알고 있는 것과 모르는 것이 무엇인지 깨달을 수 있을 거예요. 일곱 가지 교과서 읽기 전략을 활용하여 교과서를 제대로 읽어 볼까요?

한눈에 보는
교과서 읽기 전략

선생님의
수업 영상

연습 교과서 8~9쪽의 내용입니다. 전략에 따라 교과서를 제대로 읽고 나면 교과서에 아래와 같은 표시를 하게 될 거예요. 여기에서는 전체를 살펴보고, 다음 장에서부터 교과서 읽기 전략을 자세히 배워 봅시다.

전략 1-1 단원명 확인하기

I. 국토와 우리 생활

전략 1-2 주제명 확인하기

2. 우리 국토의 자연환경

전략 1-3 차시명 확인하기

전략 2

전략 7

(2) 우리나라의 산지, 하천, 평야, 해안의 특징에 대해 알아볼까요?

학습 내용
구조화하기

우리나라 지형에는 어떤 특징이 있을까요? 우리나라의 지형도와 지형 단면도, 해안선을 표시한 백지도를 보고 우리나라의 산지, 하천, 평야, 해안의 분포와 특징을 살펴봅시다.

전략 3

배움 문제
(학습 문제)
찾기

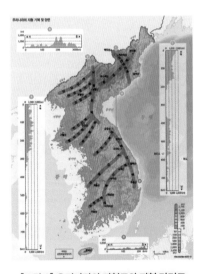

[그림 1] 우리나라의 지형도와 지형 단면도

[그림 2] 우리나라의 해안선

전략 5 그림, 지도 등의 제목과 내용 확인하기

우리 국토의 약 70%는 산지로 이루어져 있습니다. [그림 1]의 지형도를 보면 높은 산이 많은 북쪽과 동쪽은 짙은 갈색이고, 서쪽과 남쪽은 녹색입니다. 이를 통해 갈색(산지) 부분이 초록색(평지) 부분보다 더 많다는 것을 알 수 있습니다. A~D로 표현된 지형 단면도에서 우리나라의 지형이 전체적으로 동쪽이 높고 서쪽이 낮다는 것을 확인할 수 있습니다.

전략 4
새로운 용어 및 개념 표시하기

이러한 지형적 특징에 따라 대부분의 큰 하천은 북쪽에서 남쪽으로, 동쪽에서 서쪽으로 흐릅니다. 큰 하천의 하류에는 강물을 타고 떠내려온 흙과 모래가 쌓여 넓은 평야가 만들어집니다. 하천 주변의 평야는 농사짓기가 유리하여 사람들이 많이 모여 살고 큰 도시가 발달하기도 합니다. ? → 전략 6 궁금한 내용 표시하거나 적어 두기

활동하기 **[그림 2] 지도에 표시된 세 곳의 해안선을 사인펜으로 따라 그려 봅시다.**

전략 4

우리나라는 국토의 삼면이 바다로 둘러싸여 있는 반도 국가입니다. 동해안은 해안선이 비교적 단조롭고 모래사장이 넓게 펼쳐져 있는 곳이 많습니다. 서해안은 해안선이 복잡하고 밀물과 썰물의 차이가 커서 갯벌이 발달했습니다. 사람들은 갯벌에서 조개, 게 등의 해산물을 채취하기도 하고, 갯벌을 간척하여 농경지나 공업용지로 사용하기도 합니다. 남해안은 해안선이 복잡하고, 크고 작은 섬이 많아 '다도해'라고도 불립니다. 수온이 높고 물결이 잔잔하여 김, 어패류 등을 기르는 양식업이 발달했습니다.

산지, 하천, 평야, 해안 등의 지형은 사람들의 생활 모습에 많은 영향을 끼칩니다. 사람들은 자신이 사는 지역의 지형에 적응하거나 더 나은 삶을 위하여 지형을 개발하면서 살아가고 있습니다.

더 나아가기 **사람들이 생활 속에서 지형을 이용하며 살아가는 모습을 조사해 봅시다.**
우리 지형의 특징과 이를 이용하여 살아가는 모습은 어떨까? ? → 전략 6

자세히 보는
교과서 읽기 전략

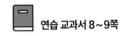 연습 교과서 8~9쪽

앞에서 간략하게 교과서 읽기 전략을 살펴봤어요. 하지만 아직 처음이라 어떻게 하는 건지 잘 모르겠지요? 이제부터 연습 교과서와 함께 교과서 읽기 전략을 하나씩 배워 볼 거예요.

일단 먼저 교과서의 구성과 특징, 차례를 확인합니다. 대부분은 책의 맨 앞에 소개되어 있답니다. 내가 앞으로 배울 교과서가 어떤 방식으로 구성되어 있고, 어떤 차례로 공부할지 미리 보고 시작하면 나만의 학습 뼈대를 만들 수 있어요. 다 확인했다면, 이제 본격적으로 교과서 읽기 전략을 배워 봅시다. 미리 연습 교과서를 준비해 두고, 각 전략과 문제에 대한 답을 따라 쓰거나, 나만의 답을 써 보세요.

전략 1 단원명, 주제명, 차시명 파악하기

연습 교과서 8쪽에서 오늘 배울 단원의 주제와 차시를 확인해요. 차시는 우리가 배우는 교과 내용을 시간별로 쪼갠 단위를 말해요. 보통 가장 크거나 굵은 글씨로 맨 위에 쓰여 있을 거예요. 연습 교과서에서 찾아 아래에 써 보세요.

 이번 시간에는 어느 단원, 어떤 주제의 몇 차시 내용을 공부하나요?
흐린 글자를 따라 쓰면서 연습해 보세요.

- **단원명 :** Ⅰ. 국토와 우리 생활
- **주제명 :** 2. 우리 국토의 자연환경
- **차시명 :** (2) 우리나라의 산지, 하천, 평야, 해안의 특징

전략 2 학습 내용 구조화하기 (1)

이전에 배운 내용 떠올리기

오늘 배울 단원을 살펴봤다면, 이제는 이전에 배운 내용을 떠올려 봐야 해요. 바로 전 시간에 배운 내용뿐만 아니라 이전 학년에서 배운 내용을 기억하는 것까지 포함됩니다. 학습 내용을 구조화하는 전략은 공부한 것들을 좀 더 큰 틀에서 재구조화하는 과정이에요. 이를 통해 우리는 스스로 틀과 체계를 만드는 연습을 할 수 있어요. 그러니 매시간 배운 내용을 확실하게 익히고 넘어가야겠지요?

5학년 사회 시간에 지형을 배우기 전에 3학년 2학기 사회 시간에 우리 고장에 대해 학습하면서 '땅의 생김새'라는 표현을 배웁니다. 그때 배운 내용이 5학년 사회 시간에 조금 어려운 단어인 '지형'이라는 용어로 다시 등장한 것이랍니다. 어때요? 신기하지 않나요? 우리가 배우는 모든 내용은 이렇게 이어져 있어요.

 이전에 배운 내용 중 이번 시간과 관련된 내용을 떠올려 볼까요?

· **3학년 사회 :** 우리 고장 – 땅의 생김새
· **5학년 사회 :** 1단원 2주제 (1)차시 – 우리나라의 지형

전략 3 배움 문제(=학습 문제) 찾기

큰 구조를 파악했다면, 이제는 이번 시간에 배울 내용의 주제를 찾아야 해요. 우리는 이것을 '배움 문제(학습 문제)'라고 부릅니다. 주로 글의 첫머리에서 단서를 찾을 수 있어요. 잘 모르겠다면 전체적인 내용과 제시된 자료를 꼼꼼하게 살펴보면서 해당 내용이 '무엇'을 설명하고 있는지에 집중해서 생각해 보세요. 스스로 배움 문제를 예상해 보면 글에서 핵심 주제를 파악하는 능력을 기를 수 있답니다.

이번 시간에 배울 내용은 무엇인가요?

· 우리나라의 산지, 하천, 평야, 해안의 분포와 특징

전략 4

새로운 용어 및 개념 표시하기

교과서를 읽을 때 낯선 용어나 개념이 있다면 연필로 **물결 밑줄**을 그어 표시해요. 모르는 개념의 의미, 용어의 뜻을 먼저 찾지 않아도 돼요. 수업 시간에 선생님이 설명해 주실 거예요. 연습 교과서 8~9쪽에서 낯선 용어를 찾아 아래에 써 보세요.

새롭게 등장하거나 이해하기 어려운 용어 혹은 개념이 있나요?
해당 부분에 물결 밑줄을 긋고, 빈칸에 적어 보세요.

예) 지형도, 지형 단면도, 분포, 반도, 간척

전략 5

그림, 도표, 사진, 지도 등의 제목과 내용 확인하기

교과서에는 그림, 도표, 사진, 지도 등의 자료가 다양하게 포함되어 있어요. 이 자료들은 본문의 내용을 더 쉽게 이해하도록 돕고, 글로 미처 설명하지 못한 부분들을 보충하기도 하지요. 그래서 본문에 자료가 포함되어 있다면 자료의 제목을 먼저 살핀 후 자료가 어떤 내용을 담고 있는지 확인해야 해요.

제시된 그림, 도표, 사진, 지도 등의 제목은 무엇인가요?

· 그림 1 : 우리나라의 지형도와 지형 단면도
· 그림 2 : 우리나라의 해안선

제시된 그림, 도표, 사진, 지도 등에는 어떤 내용이 담겨 있나요?

· 그림 1 : 우리나라에서 볼 수 있는 지형의 종류와 특징
· 그림 2 : 우리나라 해안(동해안, 서해안, 남해안)의
  특징

각각의 자료에서 알 수 있는 것을 문장으로 써 보세요.

· 그림 1 : 산지, 하천, 평야, 해안이 있다. 주로 동쪽에
  는 산지가, 서쪽에는 평야가 있다.
· 그림 2 : 우리나라는 동, 서, 남쪽이 바다와 맞닿아
  있다. 동쪽은 해안선이 단순하고, 서쪽과 남쪽의 해
  안선은 복잡하다.

전략 6 궁금한 점 표시하기

질문은 상상하게 하고 더욱 깊게 생각하도록 돕습니다. 이렇게 시간을 들여 생각한 내용은 더 잘 기억하게 되지요. 본문에서 쉽게 이해되지 않거나 '왜?'라는 의문이 생기는 지점이 있다면 잠시 멈추고 스스로에게 질문해 보세요. 내가 생각하는 답을 적어도 좋고 그냥 질문만 남겨 두어도 괜찮아요. 수업 시간이나 수업이 끝나고 노트를 정리할 때 답을 찾을 수도 있거든요. 비로소 궁금증을 해소하는 순간, 배움의 기쁨을 절로 느낄 수 있을 거예요.

더 알아보고 싶거나 이해가 잘 되지 않는 부분이 있나요?
의문이 생기는 부분에 ? 표시를 하고 질문을 써 보세요.

· ? 하천 주변의 평야는 왜 농사짓기에 유리할까?
· ? 내가 사는 지역의 지형은 어떤 특징이 있을까?
· ? 내가 살고 있는 지역의 사람들은 지형의 특징을
　어떻게 이용하며 살아가고 있을까?

전략 7 학습 내용 구조화하기 (2)

다음에 배울 내용 확인하기

제대로 된 교과서 읽기 활동의 마지막 단계는 **다음 시간에 배울 내용을 확인**하는 것입니다. 어렵지 않아요. 교과서의 책장을 넘겨서 다음 시간 내용의 차시명을 읽어 보는 것만으로도 충분합니다. 이 전략 또한 학습 내용의 체계를 머릿속에 각인시키기 위한 방법 중 하나입니다. 본 수업의 전, 후에 등장하는 학습 내용을 확인하는 과정에서 이미 배운 지식과 새롭게 배울 지식의 연결 고리를 쉽게 찾을 수 있을 거예요.

다음 시간에 배울 내용은 무엇인가요?
연습 교과서 10~13쪽을 보고 써 보세요.

주제 2. 우리 국토의 자연환경
(3) 우리나라 기후의 특징

교과서를 읽을 때 활용할 수 있는 기호는 뭐가 있을까?

기호		활용 상황
겹밑줄	——	중심 내용을 담고 있는 핵심 문장, 구절
밑줄	——	핵심 문장을 뒷받침하는 문장, 구절
물결 밑줄	～～	어려운 용어, 새로운 개념
네모	□	핵심 단어를 포괄하는 상위 핵심 단어
동그라미	○	핵심 단어, 주요 용어
세모	△	내용이 덧붙여지거나 뒤바뀌는 부분 (게다가, 더욱이, 그러므로, 하지만)
번호	①②③	같은 속성으로 묶을 수 있는 내용
별표	☆, *	특별히 중요(☆)하거나 참조(*)할 만한 내용 (중요도에 따라서 개수를 다르게 표시)
물음표	?	이해가 되지 않거나 나중에 질문해야 하는 내용

스스로 해보는
교과서 제대로 읽기

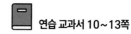
연습 교과서 10~13쪽

지금까지 익힌 교과서 읽기 전략을 활용해 교과서를 읽어 볼 거예요. 연습 교과서 10~13쪽을 펴고 공부할 내용을 훑어 봅시다.

전략 1 단원명, 주제명, 차시명은 무엇인가요?

· **단원명** : Ⅰ. 국토와 우리 생활
· **주제명** : 2. 우리 국토의 자연환경
· **차시명** : (3) 우리나라 기후의 특징에 대하여 설명해
  볼까요?

차시명은 전략 7 에서 다음에 배울 내용을 확인할 때 살펴본 내용이에요. 기억 나지요? 이제 앞에서 배운 교과서 읽기 전략을 다시 한번 복습해 보세요.

전략 1 단원명, 주제명, 차시명 확인하기
전략 2 학습 내용 구조화하기 - ① 이전에 배운 내용 떠올리기
전략 3 배움 문제(=학습 문제) 찾기
전략 4 새로운 용어 및 개념 표시하기
전략 5 그림, 도표, 사진, 지도 등의 제목과 내용 확인하기
전략 6 궁금한 점 표시하기, 궁금한 내용 적어 두기
전략 7 학습 내용 구조화하기 - ② 다음에 배울 내용 확인하기

· 지형이란 땅의 생김새를 말한다.

· 우리나라 지형에는 산지, 하천, 평야, 해안, 섬 등이 있다.

· 우리나라 지형은 전체적으로 동쪽은 높고, 서쪽은 낮은 것이 특징이다.

· 우리나라 산지는 국토의 70%를 차지하고 있다.

· 우리나라 하천은 대부분 북에서 남으로, 동에서 서로 흐른다.

· 하천의 하류 지역에 생기는 평야는 농사 짓기에 유리하여 사람들이 모여 살았다.

· 우리나라는 삼면이 바다로 둘러싸인 반도 국가로, 동해안과 서해안, 남해안의 특징이 서로 다르다.

· 동해안은 해안선이 단조롭고 모래사장이 넓게 펼쳐져 있다.

· 서해안은 해안선이 복잡하고 갯벌이 발달되어 있다.

· 남해안은 해안선이 복잡하고 섬이 많아 다도해라고 불린다.

본격적인 학습에 들어가기 전에 벌써 2가지 전략을 적용했네요! 이제부터는 여러분이 직접 해 볼 거예요. 7가지 교과서 읽기 전략을 적용해서 **연습 교과서 10~13쪽**을 꼼꼼히 읽어 보세요. 이때, 27쪽에서 배운 교과서 읽기 도움 기호를 활용하면 더욱 좋습니다. 연습 교과서 읽기 활동이 끝나면, 다음 장의 예시와 비교해 보면서 내가 놓친 부분은 없는지 확인해 봅시다.

교과서 제대로 읽기

교과서 읽기 전략에 따라 연습 교과서에 직접 표시해 본 것과 아래 예시를 비교해 보세요. 부족했던 점이 있다면 보충해 봐도 좋습니다.

I. 국토와 우리 생활
전략 1 단원명, 주제명, 차시명 확인하기
전략 2 이전에 배운 내용 떠올리기

2. 우리 국토의 자연환경
전략 3 배움 문제 찾기

(3) 우리나라 기후의 특징에 대하여 설명해볼까요?
전략 4 새로운 용어, 개념 표시하기

우리나라는 중위도에 위치하여 봄, 여름, 가을, 겨울의 사계절의 변화가 비교적 뚜렷하게 나타납니다. 봄은 대체로 온화하지만 꽃샘추위와 황사가 올 때가 있습니다. 여름은 무덥고 습하며 비가 많이 옵니다. 가을은 맑고 서늘하며 겨울은 춥고 건조한 편으로 눈이 내릴 때가 있습니다.

[그림 1] 봄-진해 여좌천   [그림 2] 여름-대천 해수욕장   [그림 3] 가을-덕수궁    [그림 4] 겨울-영암 월출산

전략 5 자료의 제목과 내용 확인하기

전략 4

날씨가 어느 한 지역에서 짧은 기간에 나타나는 일시적인 대기 상태를 말한다면 기후는 어떤 지역에서 오랜 기간에 걸쳐 나타나는 대기의 평균 상태를 뜻합니다. 기후는 기온, 비와 눈의 양, 바람 등의 특성으로 나타납니다. 날씨는 하루 동안에도 자주 변하지만 기후는 반복되는 현상으로 사람들의 삶의 방식과 문화에 큰 영향을 줍니다.

①

우리나라는 계절에 따라 불어오는 <u>바람</u>의 방향이 다릅니다. (여름철)에는 남쪽 해양에서 <u>뜨겁고 습한 바람</u>이 불어옵니다. (겨울철)에는 북쪽 대륙에서 형성된 <u>차 갑고 건조한 바람</u>이 붑니다.

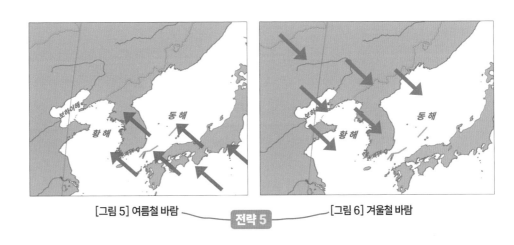

[그림 5] 여름철 바람 — 전략 5 — [그림 6] 겨울철 바람

우리나라의 기온과 강수량은 계절과 지역에 따라 어떤 차이가 있을까요?

활동하기 ①

다음 *기후도를 보고 우리나라 기온의 계절별, 지역별 특징을 정리하여 봅시다.

전략 4

전략 5

1월 평균 기온   8월 평균 기온

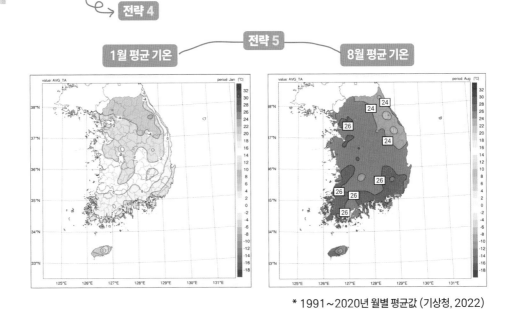

* 1991~2020년 월별 평균값 (기상청, 2022)

* 기후도: 지역에 따라 기후가 어떻게 분포되어 있는지를 나타내는 지도

(1) 1월과 8월 중 평균 기온이 높은 시기는 언제인가요?

....

(2) 기온은 북쪽에서 남쪽으로 갈수록 대체로 (높아집니다 / 낮아집니다).

(3) 다음은 비슷한 위도에 위치해 있는 서울과 강릉의 1월 평균 기온값입니다.

[?] 서울과 강릉의 1월 평균 기온이 차이가 나는 까닭은 무엇일까요?

↳ 전략 6 궁금한 점 표시하기

	서울	강릉
1월 평균 기온값	-1.9	0.9

....

....

....

❷ [기온]

 우리나라는 대체로 1월에 가장 춥고, 8월이 가장 덥습니다. 우리나라는 남북으로 길게 뻗어 있어 같은 날에도 남쪽과 북쪽의 기온 차이가 크게 나타납니다. 대체로 남쪽으로 갈수록 기온이 높아져 따뜻하고, 북쪽으로 갈수록 기온이 낮아져 춥습니다. 동쪽과 서쪽 지역 간에도 기온차가 발생합니다. 북서풍을 막아 주는 태백산맥과 수심이 깊은 동해의 영향으로 바다와 가까운 해안 지역의 겨울 기온이 바다에서 멀리 떨어진 내륙 지역보다 높게 나타납니다.

❸ [강수량]은 일정 기간 동안 일정한 지역에 내린 비, 눈, 우박, 안개 등 물의 양을 말합니다. 우리나라의 연평균 강수량은 약 1,300mm로 이중 절반 이상이 장마와 태풍 등의 영향으로 여름철에 집중됩니다. 우리나라는 지역과 계절에 따라 강수량의 차이가 큰 편으로, 울릉도와 영동 지방, 제주도는 눈이 많이 내려서 겨울에도 강수량이 많습니다. [?]

↳ 전략 6 이 지역들은 왜 눈이 많이 내릴까?

다음에 제시된 연평균 강수량 지도와 계절별 강수량 지도를 보고 우리나라 강수량의 계절별, 지역별 특징을 정리하여 봅시다.

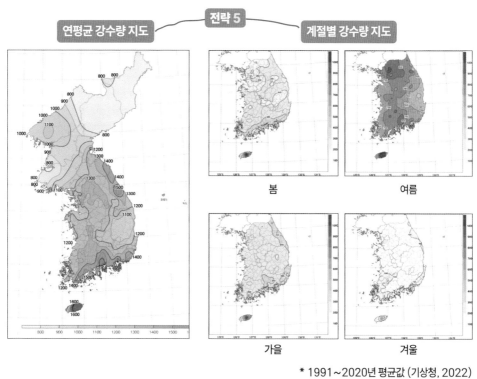

전략 5

연평균 강수량 지도

계절별 강수량 지도

봄 여름 가을 겨울

* 1991~2020년 평균값 (기상청, 2022)

(1) 연평균 강수량은 북쪽에서 남쪽으로 갈수록 점점 (늘어납니다 / 줄어듭니다).

(2) 비가 가장 많이 내리는 계절은 언제인가요?

....

(3) 겨울철 강수량이 비교적 많은 지역은 어떤 특징을 갖고 있나요?

....

더 나아가기

기후의 영향에 따른 사람들의 생활 모습에 대하여 조사하여 정리해 봅시다.

* 다음 차시 내용 미리 보기

Ⅰ-2-(4) 우리나라에서 발생하는 자연 재해

전략 7

다음에 배울 내용 확인하기

3장

하루 배움 노트

하루 배움 노트는 오늘 하루 배운 내용을 시간표 순서대로 한 페이지에 정리하는 방식이에요. 노트 한 권에 모든 교과의 내용을 담는 가장 쉬운 형태의 노트 정리법이지요. 학습한 내용을 스스로 정리하고 간단하게 기록하는 습관을 만드는 데 효과적이랍니다. 이제부터 하나씩 배워 봅시다.

하루 배움 노트

1 하루 배움 노트가 뭐예요?

하루 배움 노트는 그날 배운 내용을 시간표 순서대로 한 페이지에 모두 정리한 것을 말합니다. 핵심 단어와 핵심 문장 위주로 간단히 정리하기 때문에 이 노트를 활용하면 쉽게 노트 정리를 시작할 수 있어요.

크게 세 부분으로 나뉘어 있고, 마지막 부분에 '알림장', '확인', '오늘 하루 돌아보기'와 같은 매일의 루틴을 넣으면 자기 관리 능력도 높일 수 있어요. 가장 기초 단계의 노트 정리라고 할 수 있답니다. 어렵지 않으니 한 부분씩 배워 봅시다.

2 하루 배움 노트는 어떻게 써요? ✏️

① 날짜와 오늘의 목표

어느 날 어떤 공부를 했는지 쉽게 찾기 위해 맨 윗줄에는 날짜를 적어요. 오늘의 목표는 '수업 시작 전 교과서 꺼내놓기', '쉬는 시간에 화장실 다녀오기'와 같이 쉽게 해낼 수 있는 것으로 정합니다.

2025 년   3 월   24 일   월 요일

오늘의 목표	수업 시작 전 오늘 배울 내용을 살펴보자!

② 핵심 단어와 핵심 문장 찾기

먼저 ❷-1 에 교시, 과목, 단원, 주제, 배움 문제, 쪽수 등을 적습니다. 어느 단원의 몇 번째 학습 주제인지, 교과서는 몇 쪽인지 꼼꼼하게 적어 두어야 나중에 복습할 때 해당 부분을 쉽게 찾을 수 있어요.

❷-2에는 핵심 단어와 핵심 문장을 적습니다. 이 부분만 봐도 그날 배운 내용이 한 번에 떠오르도록, 가장 중요한 내용을 간단히 요약해 정리할 수 있어야 해요.

과목명		배운 내용	
4 교시	사회	I-2-(1) 우리나라의 지형	6~7 쪽
지형, 산지, 하천, 평야, 해안		○ 지형 : 땅의 생김새 ○ 우리나라에서 볼 수 있는 지형 : 산지, 하천, 평야, 해안	

노트 정리에 필요한 핵심 단어와 핵심 문장은 교과서의 '오늘 배울 내용'에 있습니다. 선생님이 수업을 시작할 때 배움 문제로 제시하는 것이 이번 시간의 핵심 단어이자 핵심 문장이에요. 해당 수업 시간 차시명과 도입 질문 등을 통해서도 확인할 수 있어요.

연습 교과서 8~9쪽을 펼쳐 주세요. 교과서 본문에서 글자가 굵거나 색이 다른 부분이 있나요? 또 지도나 그림 등의 자료가 함께 제시되어 있나요? 있다면 이 부분을 눈여겨 봐 주세요. 바로 이 부분들이 지금 살펴볼 차시의 핵심 단어, 핵심 문장이거나 이와 관련된 내용이랍니다.

이 과정을 처음 해 보거나 익숙하지 않다면 핵심 단어와 문장을 찾는 게 어려울 수 있어요. 아래 제시한 질문들에 차근차근 답하며 핵심 단어와 핵심 문장을 찾는 방법을 연습해 볼 거예요.

❶ 이전 시간에 배운 내용은 무엇인가요?

> · 지형의 뜻
> · 우리나라에서 볼 수 있는 다양한 지형들

❷ 이번 시간의 차시명 혹은 도입 질문은 무엇인가요?

> · **차시명** : 우리나라 산지, 하천, 평야, 해안의 특징에 대해 알아볼까요?
> · **도입 질문** : 우리나라 지형은 어떤 특징이 있을까요?

❸ 함께 제시된 자료의 제목과 내용은 무엇인가요?

> · [그림 1] 우리나라의 지형도와 지형 단면도 : 지형의 전체적인 특징 소개
> · [그림 2] 우리나라의 해안선 : 해안의 특징 보충 설명

❹ 이로부터 예상할 수 있는 이번 차시의 핵심 단어를 연습 교과서에서 찾아 ○표 하세요. 그리고 아래에 적어 보세요.

> 지형, 산지, 하천, 평야, 해안, 특징

❺ 핵심 단어를 가장 잘 설명하는 핵심 문장을 찾아 연습 교과서에 겹밑줄로 표시하세요. 서로 관련 있는 것끼리 연결하고 아래에 정리해 보세요.

> - **지형 :** 전체적으로 동쪽이 높고 서쪽이 낮다.
> - **산지 :** 우리 국토의 약 70%로 이루어져 있다.
> - **하천 :** 북쪽에서 남쪽으로, 동쪽에서 서쪽으로 흐른다.
> - **평야 :** 큰 하천의 하류에 만들어진다.
> - **해안 :** 국토의 삼면에 있다.

❻ 핵심 단어를 이해하는 데 도움이 되는 다른 개념이나 설명을 찾아 연습 교과서에 밑줄을 긋고, 아래에 정리해 보세요.

> - **평야 :** 강물을 타고 떠내려온 흙과 모래가 쌓여 만들어진다.
> - **동해안 :** 해안선이 비교적 단조롭고 모래사장이 넓게 펼쳐져 있다.
> - **서해안 :** 해안선이 복잡하고 갯벌이 발달했다.
> - **남해안 :** 해안선이 복잡하고 다도해라고 불린다.

❼ 핵심 단어와 주요 용어 사이의 관계를 정리하여 이미지로 나타내 봅시다. 상위 개념과 하위 개념으로 나눌 수 있다면, 상위 개념에 □ 표를 덧붙여 구분하세요.

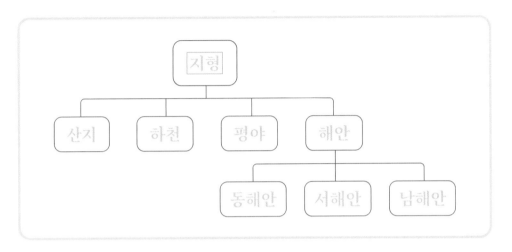

❽ QR 코드로 연결된 선생님의 수업 영상을 보고 다음 물음에 답해 봅시다.

선생님의 수업 영상

· 선생님이 안내하는 이번 시간의 배움 문제는 무엇인가요?

> · 우리나라의 산지, 하천, 평야, 해안의 분포와 특징을 설명하여 봅시다.

· 수업을 듣고 새롭게 알게 된 사실은 무엇인가요?

> · 지형도 분석을 통해 알 수 있는 정보들
> · 하천 주변 평야의 예
> · 생활 속에서 지형을 이용하며 살아가는 다양한 모습

· 수업 중 선생님이 강조하신 부분은 무엇이었나요?

> · 자료의 제목과 내용, 자료를 통해 알 수 있는 정보에 주목하자.
> · 해안은 동·서·남해안의 특징이 모두 다르니 꼼꼼하게 정리해 두자.

· 내가 생각하는 가장 중요한 내용은 무엇인가요?

> · 지형도를 통해 우리나라 지형의 특징을 설명할 수 있어야 한다.
> · 지형의 특징에 따른 사람들의 삶의 모습이 어떠한지 함께 이해해야 한다.

핵심 단어와 핵심 문장 찾기가 끝난 연습 교과서 예시

핵심 단어와 핵심 문장을 잘 찾아보았나요? 내가 연습하면서 표시한 것과 다음의 예시가 어떻게 다른지 비교해 보세요.

I. 국토와 우리 생활

2. 우리 국토의 자연환경

↳ 차시명 확인하기

(2) 우리나라의 산지, 하천, 평야, 해안의 특징에 대해 알아볼까요?

우리나라 지형은 어떤 특징이 있을까요? 우리나라의 지형도와 지형 단면도, 해안선을 표시한 백지도를 보고 우리나라의 산지, 하천, 평야, 해안의 분포와 특징을 살펴봅시다.

↰ 도입 질문 확인하기

↳ 핵심 단어와 핵심 문장!

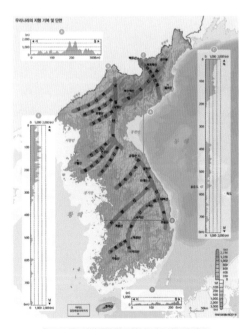

[그림 1] 우리나라의 지형도와 지형 단면도

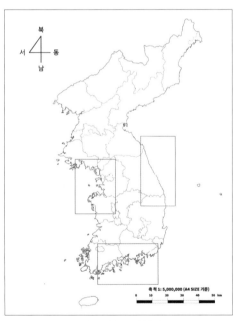

[그림 2] 우리나라의 해안선

↳ 자료의 제목과 내용 확인하기 ↰

우리 국토의 약 70%는 산지로 이루어져 있습니다. [그림 1]의 지형도를 보면 높은 산이 많은 북쪽과 동쪽은 짙은 갈색이고, 서쪽과 남쪽은 녹색입니다. 이를 통해 갈색(산지) 부분이 초록색(평지) 부분보다 더 많다는 것을 알 수 있습니다. A~D로 표현된 지형 단면도에서 우리나라의 지형이 전체적으로 동쪽이 높고 서쪽이 낮다는 것을 확인할 수 있습니다.

이러한 지형적 특징에 따라 대부분의 큰 하천은 북쪽에서 남쪽으로, 동쪽에서 서쪽으로 흐릅니다. 큰 하천의 하류에는 강물을 타고 떠내려온 흙과 모래가 쌓여 넓은 평야가 만들어집니다. 하천 주변의 평야는 농사짓기가 유리하여 사람들이 많이 모여 살고 큰 도시가 발달하기도 합니다.

활동하기 **[그림 2] 지도에 표시된 세 곳의 해안선을 사인펜으로 따라 그려봅시다.**

우리나라는 국토의 삼면이 바다로 둘러싸여 있는 반도 국가입니다. 동해안은 해안선이 비교적 단조롭고 모래사장이 넓게 펼쳐져 있는 곳이 많습니다. 서해안은 해안선이 복잡하고 밀물과 썰물의 차이가 커서 갯벌이 발달했습니다. 사람들은 갯벌에서 조개, 게 등의 해산물을 채취하기도 하고, 갯벌을 간척하여 농경지나 공업용지로 사용하기도 합니다. 남해안은 해안선이 복잡하고, 크고 작은 섬이 많아 '다도해'라고도 불립니다. 수온이 높고 물결이 잔잔하여 김, 어패류 등을 기르는 양식업이 발달했습니다.

산지, 하천, 평야, 해안 등의 지형은 사람들의 생활 모습에 많은 영향을 끼칩니다. 사람들은 자신이 사는 지역의 지형에 적응하거나 더 나은 삶을 위하여 지형을 개발하면서 살아가고 있습니다.

더 나아가기 **사람들이 생활 속에서 지형을 이용하며 살아가는 모습을 조사해 봅시다.**

↳ 수업을 통해 새롭게 안 사실!

하나씩 잘 연습했나요? 아래 핵심 단어와 핵심 문장을 정리한 예시 노트를 보고, 배운 대로 노트에 정리해 보세요. 혼자 정리하기 어렵다면 예시 노트를 보고 따라 써 보세요. 처음엔 이것도 큰 연습이 된답니다.

정리할 내용이 한 칸에 다 들어가지 않을 수도 있어요. 그럴 땐 문장을 그대로 옮겨 적는 것보다는 자신이 알고 있는 어휘의 범위에서 문장을 줄이거나 기호 등을 활용하여 짧게 적어 보세요. 예를 들면, '동쪽이 높고 서쪽이 낮다.'라는 문장은 '동고서저'로 적을 수 있습니다.

핵심 단어와 핵심 문장을 찾아 정리한 예시 노트

과목명		배운 내용	
교시	사회	I-2-(2) 우리나라 지형의 특징 설명하기	8~9 쪽
산지, 하천, 평야, 해안의 특징		우리나라 지형 : 동고서저 - 생활 모습에 영향을 미침. ◦ 산지: 국토의 약 70%, 북쪽/동쪽에 높은 산이 많음. ◦ 하천: 동쪽에서 서쪽으로, 북쪽에서 남쪽으로 흐름. ◦ 평야: 큰 하천의 하류 지역, 농사, 인구 밀집, 큰 도시 발달 ◦ 해안: 동해안(해안선 단순, 모래사장), 서해안(해안선 복잡, 갯벌, 해산물, 간척), 남해안(해안선 복잡, 섬이 많음, 양식업)	

핵심 단어와 핵심 문장을 찾아 직접 정리하기

과목명		배운 내용	
교시	사회	I-2-(2) 우리나라 지형의 특징 설명하기	8~9 쪽

③ 알림장과 피드백

다음 날 해야 할 일을 적고, 오늘 세운 목표를 잘 지켰는지 스스로 평가해 보세요.

알림장	확인	오늘 하루 돌아보기
1. 수학 익힘책 18~19쪽 풀어오기		
2. 가정통신문 회신서 가져오기		쉬는 시간마다 다음 시간 수업 준비를 했다.
3. 줄넘기 챙겨오기		

알림장과 돌아보기 부분은 나만의 주제로 바꾸어 활용할 수도 있어요.

❶ 더 알아볼 내용(궁금한 내용)

더 알아볼 내용 혹은 궁금한 내용 칸을 활용해 지식과 정보를 단순히 암기하는 것에 그치지 않고, '왜 그럴까?', '다르게 생각해 볼 수는 없을까?' 고민해 보세요.

───────────── 더 알아볼 내용(궁금한 점) 적기 ─────────────

[사회] I-2-(1) 우리나라의 지형
◦ 다른 나라에서 찾아볼 수 있는 독특한 지형에는 어떤 것들이 있을까?

❷ 복습 퀴즈

배운 내용을 이용하여 간단한 퀴즈를 만들어 보세요. 나중에 복습할 때 활용할 수 있답니다. 답은 한눈에 들어오지 않게 거꾸로 쓰면 더 좋아요.

───────────── 복 습 퀴 즈 ─────────────

퀴즈 1. 지형이란?
퀴즈 2. 산지란?

2. 여러 산이 모여 있는 지형
1. 땅의 생김새
[정답]

046

❸ 배운 내용 요약하기

배운 내용 중 특히 기억에 남는 부분이 있다거나 제대로 정리해 보겠다고 정한 과목이 있다면 '오늘의 공부 요약하기' 칸을 만들어 핵심 내용만 뽑아 정리해 보세요.

오늘의 공부 요약하기

[사회] I. 국토와 우리 생활 – 2. 국토의 자연환경
(1) 지형의 뜻을 알고 우리나라에서 볼 수 있는 다양한 지형 설명하기
∘ 지형 : 땅의 생김새
∘ 우리나라에서 볼 수 있는 지형 : 산지, 하천, 평야, 해안, 섬
　- 산지: 여러 산이 모여 있는 지형
　- 하천: 빗물과 지하수가 낮은 곳으로 흘러 만든 크고 작은 물줄기
　- 평야: 넓고 평탄한 땅
　- 해안: 바다와 맞닿은 육지 부분
　- 섬: 물로 둘러싸인 땅

❹ 감사 일기 쓰기

공부도 노트 정리도 결국 행복하게 살아가기 위해 하는 것이에요. 우리는 감사 일기를 통해 당연하다 생각했던 것에서 감사함을 찾고, 일상의 작은 부분에서도 행복함을 느낄 수 있어요.

오늘의 감사 일기

1. 날씨가 따뜻해진 덕분에 옷차림이 한결 가벼워졌다.
2. 오늘 아침 엄마가 해 준 토스트가 정말 맛있었다. 엄마, 감사해요!

3 스스로 써 보는 하루 배움 노트 ✏️

 연습 교과서 10~13쪽

 선생님의 수업 영상

지금까지 배운 내용을 적용해 직접 하루 배움 노트를 써 봅시다. 연습 교과서 10~13쪽과 QR 코드로 연결된 선생님의 수업 영상을 보고 아래 질문에 답해 보세요. 질문에 하나씩 답을 하다 보면, 마지막 하루 배움 노트도 쉽게 채울 수 있을 거예요.

❶ 이전 시간에 배운 내용은 무엇인가요?

> · 우리나라 지형의 특징

❷ 이번 시간의 차시명 혹은 도입 질문은 무엇인가요?

> · **차시명** : 우리나라 기후의 특징에 대하여 설명해 볼까요?
>
> · **도입 질문** : 우리나라 기온과 강수량은 계절과 지역에 따라 어떤 차이가 있을까요?

❸ 함께 제시된 자료의 제목과 내용은 무엇인가요?

> · **그림 1** : 우리나라 봄, 여름, 가을, 겨울의 사진
>
> · **그림 2** : 여름철과 겨울철의 바람
>
> · **그림 3** : 1월과 8월의 평균 기온
>
> · **표 1** : 서울과 강릉의 1월 평균 기온값
>
> · **그림 4** : 연평균, 계절별 강수량 지도

❹ 이로부터 예상할 수 있는 이번 차시의 핵심 단어를 연습 교과서에서 찾아 ○표 하세요. 그리고 아래에 적어 보세요.

> 기후, 기온, 바람, 강수량, 계절, 지역, 특징

❺ 핵심 단어를 가장 잘 설명하는 핵심 문장을 찾아 연습 교과서에 겹밑줄로 표시하세요. 서로 관련 있는 것끼리 연결하고 아래에 정리해 보세요.

> · 기후 : 어떤 지역에서 오랜 기간에 걸쳐 나타나는 대기의 평균 상태
> · 기온 : 1월에 가장 춥고 8월에 가장 덥다.
>   남과 북, 동과 서의 기온차가 있다.
> · 바람 : 여름철 – 남쪽 해양에서 뜨겁고 습한 바람이 불어온다.
>   겨울철 – 북쪽 대륙에서 차갑고 건조한 바람이 불어온다.
> · 강수량 : 일정 기간 동안 일정한 지역에 내린 물의 양 여름철에 집중된다.

❻ 핵심 단어를 이해하는 데 도움이 되는 다른 개념이나 설명을 찾아 연습 교과서에 밑줄을 긋고, 아래에 정리해 보세요.

> · 날씨 : 어느 한 지역에서 짧은 기간에 나타나는 일시적인 대기 상태
> · 기후 : 기온, 강수량, 바람 등의 특성으로 나타낸다.

❼ 핵심 단어와 주요 용어 사이의 관계를 정리하여 이미지로 나타내 봅시다. 상위 개념과 하위 개념으로 나눌 수 있다면, 상위 개념에 □ 표를 덧붙여 구분하세요.

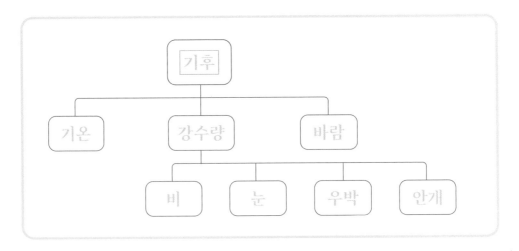

❽ QR 코드로 연결된 선생님의 수업 영상을 보고 다음 물음에 답해 봅시다.

선생님의 수업 영상

· 선생님이 안내하는 이번 시간의 배움 문제는 무엇인가요?

· 우리나라 기후의 특징이 무엇인지 설명하여 봅시다.

· 수업을 듣고 새롭게 알게 된 사실은 무엇인가요?

· 기후도를 읽는 방법
· 비슷한 위도에 위치한 서울과 강릉의 1월 평균 기온 값에 차이가 나는 까닭

· 수업 중 선생님이 강조하신 부분은 무엇이었나요?

> · 자료의 제목과 내용, 자료를 통해 알 수 있는 정보에
> 주목하자.
> · 기후와 날씨를 서로 비교하여 개념을 정확히 이해하자.

· 내가 생각하는 가장 중요한 내용은 무엇입니까?

> · 기후의 정의, 날씨와의 차이점
> · 계절별, 지역별 기후의 특징
> · 기후에 따른 사람들의 생활 모습

하루 배움노트

2025 년 3 월 28 일 금 요일

오늘의 목표	핵심 단어와 문장 찾기

과목명	배운 내용	
4 교시 **사회**	I-2-(3) 우리나라 기후의 특징 설명하기	10~13 쪽

날씨 기후 기온 강수량 바람	○ 날씨: 어느 한 지역에서 짧은 기간에 나타나는 일시적인 대기 상태, 하루 동안에도 자주 변함 ○ 기후: 어떤 지역에서 오랜 기간에 걸쳐 나타나는 대기의 평균 상태. 기온/ 비와 눈의 양/ 바람의 특성으로 나타냄 ○ 바람: 여름철-남쪽 해양에서 뜨겁고 습한 바람 　　　겨울철-북쪽 대륙에서 차갑고 건조한 바람 ○ 기온: 1월이 가장 춥고 8월이 가장 더움 　　　북쪽에서 남쪽으로 갈수록 기온이 높아지고 서해안과 내륙 지역보다 동쪽 해안 지역의 기온이 높음 ○ 강수량: 일정 기간 동안 일정한 지역에 내린 비, 눈, 우박, 안개 등 물의 양. 여름철에 집중. 북쪽에서 남쪽으로 갈수록 평균 강수량이 늘어남

더 알아볼 내용 적기
(궁금한 점) ▶
○ 기후의 영향에 따라 사람들의 생활 모습은 어떻게 달라질까?

○ 제주도, 울릉도, 강릉이 다른 지역에 비해 강수량이 많은 까닭은 무엇일까?

내가 쓰는

하루 배움 노트

연습 교과서 10~13쪽을 정리해 보세요.

년   월   일   요일

오늘의 목표

과 목 명	배 운 내 용	
교시		쪽

더 알아볼 내용 적기
(궁금한 점) ▶

4장

날단 배궁 노트

똑똑! 길잡이

날단배궁 노트는 날짜, 단원명, 배움 문제와 배운 내용, 궁금한 점을 정리한 노트예요. 배운 내용을 짜임새 있게 재구성하는 과정이 필요한 노트 정리법이지요. 이제부터 날단배궁 노트 정리의 기본 기술을 익히고 질문의 중요성과 좋은 질문을 하는 방법에 대해 알아볼 거예요. 학습의 주인이 되는 제대로 된 공부, 날단배궁 노트 쓰기와 함께 시작해 볼까요?

날단배궁 노트

1 날단배궁 노트가 뭐예요?

날단배궁 노트는 '날'짜, '단'원명, '배'움 문제와 배운 내용, '궁'금한 점의 앞 글자를 따서 이름 지은 노트예요. 과목별로 나누어 수업 내용을 정리할 때 흔히 사용하는 형식의 노트이지요.

❶ | 날 | 년   월   일   요일 |

❷ | 단 | | 쪽 |

❸ | 배 |

❹ | 궁 |

날단배궁 노트의 '배운 내용' 부분에는 교과서에서 찾은 핵심 개념과 핵심 문장뿐만 아니라 수업 시간에 보고 들은 자료와 설명도 함께 적어요. 하루 배움 노트와 날단배궁 노트의 가장 큰 차이점이에요. 보충 설명과 자료를 덧붙이기 때문에 지식을 좀 더 풍부하게 확장할 수 있지만 그만큼 써야 하는 분량이 늘어나게 됩니다. 따라서 날단배궁 노트를 잘 쓰기 위해서는 다양한 내용을 체계적으로 정리하는 기술이 필요해요.

날단배궁 노트의 다른 특징 중 하나는 '궁금한 점'을 정리하는 영역이에요. 궁금한 점이 생긴다는 것은 내가 아는 것과 모르는 것을 구별할 수 있다는 거예요. 질문할 내용을 찾기 위해 학습한 내용을 차근차근 되짚어 보면서 자신의 이해도를 스스로 점검하기 때문이지요.

초반에는 주력 과목을 하나 정해서 배운 내용을 노트에 꾸준히 정리해 보세요. 노트 정리에 어느 정도 익숙해지면 자연스럽게 제대로 정리해 보고 싶은 과목이 생길 거예요. 비교적 지식의 양이 많고 요약과 정리의 과정이 꼭 필요한 사회 교과를 우선으로 노트 정리를 연습하는 것을 추천해요. 그리고 점차 과학, 수학 등의 교과로 확장해 나가면 됩니다.

궁금한 점을 쓰기 어려울 땐 어떡하지?

궁금한 점을 쓰는 것이 아직 어렵다면 대신 새롭게 알게 된 사실, 배운 내용에 대한 나의 생각, 느낀 점 등을 적어 봐. 핵심은 배운 내용과 나를 연결하는 거야.

2 날단배궁 노트는 어떻게 써요? ✏️

① 기본 기술 익히기

하루 배움 노트에서 핵심 단어와 핵심 문장을 정리했다면 날단배궁 노트부터는 이해한 내용을 체계적으로 재구성하여 써야 합니다. 지금부터 노트 한 페이지를 구성하는 노트 정리의 기본 기술을 배워 볼게요.

❶ 선을 사용하여 레이아웃 잡기

레이아웃은 노트 안에 내용을 어떻게 구성하고, 어떻게 배치할지 정하는 전체적인 틀을 말해요. 기본형, 4칸 분할형, 2칸 분할형, 1:3 분할형 등이 있어요.

기본형
<날짜>
<단원명/쪽수>
<배움 문제>
<배움 내용>

4칸 분할형 : 오답노트형	
<과목>	
틀린 문제	풀이 과정
관련 개념 정리	틀린 이유

2칸 분할형 : 배운 내용 + 자료

<날짜>

<단원명/쪽수>

<배움 문제>

내용	이미지/ 자료 등

1:3 분할형 : 코넬노트형

<날짜>

<단원명/쪽수>

<배움 문제>

키워드	내용

❷ 번호를 붙여서 내용 구분하기

학습한 내용을 한눈에 알아보기 쉽게 정리하려면 우선 중심 내용(상위 개념)과 뒷받침 내용(하위 개념)을 구분해야 해요. 그 다음 중심 내용은 중심 내용끼리, 뒷받침 내용은 뒷받침 내용끼리 차례대로 번호를 붙입니다.

단원명을 쓸 때에는 Ⅰ, Ⅱ, Ⅲ과 같은 로마 숫자를 사용하는 것이 편리해요. 중심 내용을 뒷받침 하는 내용은 중심 내용보다 한 칸씩 들여 쓰면 더욱 깔끔하게 보인답니다.

번호의 종류						
Ⅰ	i	1.	1)	(1)	①	첫째,
Ⅱ	ii	2.	2)	(2)	②	둘째,
Ⅲ	iii	3.	3)	(3)	③	셋째,
Ⅳ	iv	4.	4)	(4)	④	넷째,
Ⅴ	v	5.	5)	(5)	⑤	다섯째,
Ⅵ	vi	6.	6)	(6)	⑥	여섯째,

상위개념과 하위개념 번호 붙이는 방법	
1. ∨∨가. ∨∨∨∨1) ∨∨∨∨∨∨가) ∨∨∨∨∨∨∨∨(1) ∨∨∨∨∨∨∨∨∨∨(가)	Ⅰ. ∨∨1. ∨∨∨∨(1) ∨∨∨∨∨∨① ∨∨2. ∨∨∨∨(1) ∨∨∨∨(2)

이러한 방법으로 날단배궁 노트에 내용을 정리하면 아래와 같습니다.

어때요? 내용이 훨씬 깔끔하게 정리되었지요? 이렇게 번호를 붙이면 학습한 내용의 구조를 파악하기 쉽고, 다음에 나올 내용을 예상하고 추측할 수 있어요.

❸ 색깔 펜 사용하기

수업 내용을 정리할 때에는 주로 연필(혹은 검정색 볼펜)을 사용합니다. 그중 강조가 필요한 부분에 색깔 펜을 사용해서 표시해요. 예를 들어, 선생님이 추가로 설명한 내용, 참고서 등을 통해 보충한 내용 등은 파란색, 중요하거나 강조해야 하는 내용은 빨간색, 시험에 출제 예정이거나 이미 출제된 내용은 초록색으로 나눠서 적어요. 그리고 형광펜은 시험 직전 전체 내용을 훑어볼 때, 핵심 단어와 핵심 문장을 다시 확인하는 용도로 사용해 보세요. 머릿속에 개념 지도가 바로 그려질 거에요.

처음부터 여러 색을 사용하면 나중에 정말 중요한 것과 그렇지 않는 것을 구분하기가 어려워져요. 색상은 최소로, 꼭 필요한 부분에만 사용하는 것 잊지 마세요.

지형도에서 갈색 부분

1. 우리나라 산지의 특징
   ① 우리 국토의 약 70%를 차지함
   ② 동쪽이 높고 서쪽이 낮음

지형도에서 파란 줄기 부분

2. 우리나라 하천의 특징
   ① 북쪽에서 남쪽으로, 동쪽에서 서쪽으로 흐름

❹ 여백 두기

한 시간의 내용은 한쪽 혹은 양쪽으로 한눈에 볼 수 있게 정리해요. 여백을 충분히 남겨서 이전에 배운 내용과의 연관성, 더 알아볼 내용 등을 언제든 추가해 쓸 수 있도록 합니다. 정리한 내용이 한 페이지를 다 채우지 못했더라도 배움 문제가 다르다면 과감히 다음 쪽으로 넘겨 쓰는 게 좋아요.

여백이 적절하게 사용된 예

📅 2025 년 3 월 24 일 월 요일
📖 1단원 국토와 우리 생활 - 2. 우리 국토의 자연환경 (6~7 쪽)
❓ (1) 우리나라에서 볼 수 있는 다양한 지형을 정리하여 봅시다.

1. 지형 : 땅의 생김새

2. 우리나라에서 볼 수 있는 지형
   1) 산지
      ① 여러 산들이 모여서 만드는 지형
   2) 하천
      ① 강과 천을 합친 말
      ② 빗물과 지하수가 낮은 곳으로 흘러가면서 만드는 크고 작은 물줄기
   3) 평야
      ① 하천 주변 등에 펼쳐져 있는 넓고 편평한 땅
   4) 해안
      ① 바다와 맞닿은 육지 부분
   5) 섬
      ① 바다로 둘러싸인 땅
      ② 우리나라에는 약 3,300여개의 섬이 있음

💭 ○ 내가 여행했던 곳에서 보았던 지형은 어떤 것이었을까?
　 ○ 바다와 하천의 차이점은 무엇일까?

📅 2025 년 3 월 26 일 수 요일
📖 1단원 국토와 우리 생활 - 2. 우리 국토의 자연환경 (8~10 쪽)
❓ (2) 우리나라의 산지, 하천, 평야, 해안의 특징을 정리하여 봅시다.

1. 우리나라 산지의 특징
   ① 우리 국토의 약 70%를 차지함
   ② 동쪽이 높고 서쪽이 낮음

2. 우리나라 하천의 특징
   ① 북쪽에서 남쪽으로, 동쪽에서 서쪽으로 흐름

3. 우리나라 평야의 특징
   ① 큰 하천의 하류에 만들어짐
   ② 농사짓기 유리하여 사람들이 모여 살고, 큰 도시가 발달함.

4. 우리나라 해안의 특징
   ① 동해안: 단조로운 해안선, 넓은 모래사장
   ② 서해안: 해안선 복잡, 갯벌 발달, 간척, 해산물
   ③ 남해안: 해안선 복잡, 다도해, 양식업 발달

💭 ○ 동해안에 모래사장이 발달하게 된 이유는 무엇일까?
　 ○ 하천 주변의 도시는 어떻게 발달했을까?
　 ○ 갯벌을 간척하여 활용하고 있는 예에는 어떤 것들이 있을까?

다음은 날단배궁 노트에 연습 교과서 8~9쪽을 정리한 내용입니다. 빈칸에 알맞은 말을 써 넣어 노트를 완성해 보세요.

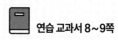

연습 교과서 8~9쪽

날	2025 년 3 월 26 일 수 요일	
단	1단원. 국토와 우리 생활 – 2. 우리 국토의 자연환경	8~9 쪽

배 (2) 우리나라의 산지, 하천, 평야, 해안의 특징을 정리해 봅시다.

1. 우리나라 (산지)의 특징

　① 우리 국토의 약 (70%)를 차지함

　② 동쪽이 높고, (서쪽)이 낮음

ㅇ 우리나라 하천의 특징

　- (북쪽)에서 (남쪽)으로, 동쪽에서 서쪽으로 흐름

3. 우리나라 평야의 특징

　① 큰 하천의 (하류)에 만들어짐

　② 농사짓기 유리하여 사람들이 모여 살고, (큰 도시)가 발달함

4. 우리나라 (해안)의 특징

　① (동해안) : 단조로운 해안선, 넓은 모래사장

　② 서해안 : 해안선 복잡, (갯벌) 발달, 간척, 해산물

　③ 남해안 : 해안선 복잡, (다도해), 양식업 발달

궁

ㅇ 동해안에 모래사장이 발달하게 된 이유는 무엇일까?

ㅇ 하천 주변의 도시는 어떻게 발달했을까?

ㅇ 갯벌을 간척하여 활용하고 있는 예에는 어떤 것들이 있을까?

날단배궁 노트의 '단원명' 부분을 로마자를 사용하여 다시 써 보세요.

> 1. 국토와 우리 생활
> 2. 우리 국토의 자연환경

 '배운 내용' 부분에서 중심 내용과 뒷받침 내용이 구분되지 않은 부분을 찾아 알맞게 번호를 붙이고 들여쓰기 해 아래에 써 보세요.

> 2. 우리나라 하천의 특징
> ① 북쪽에서 남쪽으로, 동쪽에서 서쪽으로 흐름

 QR 코드로 연결된 수업 영상을 보고, 선생님이 추가로 설명해 주시는 내용이나 강조하시는 부분, 내가 중요하다고 생각하는 내용 등을 색깔 펜으로 자유롭게 적어 봅시다.

선생님의 수업 영상

② 좋은 질문하기

가장 많이 질문하는 사람이 가장 많이 배우고, 가장 많이 기억한다는 말이 있어요. 질문은 단순히 '정답'을 아는 것에 머무르지 않고 내가 알고 있는 것과 모르는 것, 앞으로 알아야 할 것을 깨닫게 도와주지요. 질문에도 좋은 질문과 그렇지 않은 질문이 있어요. 이제부터 좋은 질문을 할 수 있는 6가지 방법을 배워 볼게요.

질문법 1

구체적인 예 찾기

 연습 교과서 8~9쪽

~의 예는 무엇일까?

자신의 주변에서 학습한 내용과 관련된 예시를 직접 찾아보는 것은 배운 내용을 확실하게 내 것으로 만드는 방법이에요. 내가 배우는 지식이 세상과 동떨어져 있는 것이 아니라 실제로도 유용하고 의미 있음을 깨닫게 되지요. 새롭게 알게 된 개념이나 모호한 내용이 있다면, 예를 찾는 질문으로 나와 지식의 거리를 좁혀 보세요.

 연습 교과서를 읽고 구체적인 예를 찾는 질문을 써 보세요.

갯벌을 간척하여 활용하고 있는 예에는 어떤 것들이 있을까?

질문법 2

공통점과 차이점 발견하기

~과 ~의 같은 점/다른 점은 무엇일까?

두 대상의 공통점과 차이점을 묻는 질문은 대상이 가진 특성을 꼼꼼히 살피게 해요. 이로부터 손쉽게 둘의 관계를 파악할 수 있지요.

다음과 같이 벤다이어그램이나 더블버블맵을 그려 공통점과 차이점을 찾는 질문을 던져 보세요. 이 질문을 통해 전혀 연관성이 없어 보이는 대상들 속에 숨어 있는 새로운 특성을 발견할 수 있을 거예요.

벤다이어그램

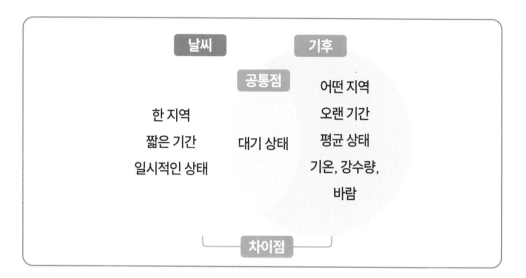

더블버블맵

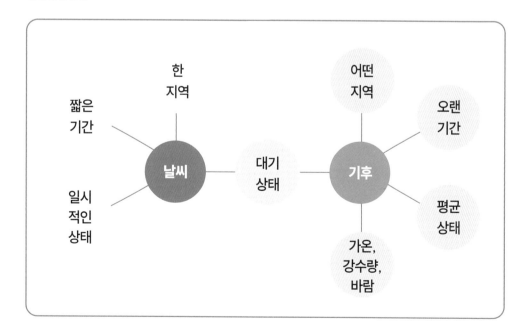

연습 교과서를 읽고 공통점과 차이점을 발견하는 질문을 써 보세요.

서해안과 남해안의 공통점과 차이점은 무엇일까?

 질문법 3

과정과 방법 탐구하기

~는 어떻게 ~했을까?

'~는 어떤 과정을 거쳐서 이루어진 것일까?'라는 물음은 **어떤 일이 진행되는 과정과 절차, 원리와 방법이 궁금할 때** 하는 질문이에요. 새로운 장난감을 받았을 때, 그냥 가지고 놀기만 하는 친구에 비해 장난감을 이리저리 관찰하여 작동 원리를 무엇인지 탐구해 보는 친구가 얻는 정보의 질과 양은 다를 거예요. 과정과 방법을 묻는 질문은 이렇게 **대상을 깊이 있게 탐구**하게 합니다. 이 질문을 통해 우리는 낯선 상황과 개념을 접하더라도 당황하지 않고 문제를 해결해 나갈 수 있는 힘을 기를 수 있어요.

 연습 교과서를 읽고 과정(절차), 방법을 찾는 질문을 써 보세요.

하천 주변의 도시는 어떻게 발달했을까?

질문법 4 원인과 결과 분석하기

~의 이유는/결과는 무엇일까?

어떤 현상이나 사건을 바라볼 때 그 일이 일어나게 된 **원인**과 **결과**를 분석하는 습관을 갖는 것은 중요해요. 정보의 앞뒤 **맥락**을 제대로 **파악**하는 능력이 생기기 때문이지요. 인과 관계를 바르게 분석할 수 있다면 앞으로 더 나은 의사 결정을 할 수 있을 거예요.

 연습 교과서를 읽고 원인과 결과를 분석하는 질문을 써 보세요.

동해안에 모래사장이 발달하게 된 이유는 무엇일까?

질문법 5 가정하고 상상하기

만약 ~라면 어떻게 될까?

'만약'을 가정하고 '어떻게 할지'를 상상하는 것은 **지식의 활용**과 관련되어 있어요. **창의성**을 적극 발휘해서 답해야 하는 질문입니다. 상상력을 활용해 자유롭게 생각할 수 있기 때문에 배움에 대한 호기심과 흥미를 불러일으키고 생각하는 힘을 키울 수 있어요.

 연습 교과서를 읽고 가정하고 상상하는 질문을 써 보세요.

만약 내가 자라는 자연환경을 선택할 수 있다면, 산지,
하천, 평야, 해안 중 어느 지형을 선택하는 게 좋을까?

질문법 6

나의 생각 드러내기

내 생각은 어떠한가?

마지막 질문 유형은 '나'의 의견과 생각을 표현하는 것입니다. 배운 내용에 대한 자신의 느낌뿐만 아니라, 지식을 자신의 삶에 적용하여 변화된 개인적인 의견, 관점, 생각 등을 드러내는 질문 과정입니다.

 연습 교과서를 읽고 나의 생각을 드러내는 질문을 써 보세요.

간척 사업은 필요할까, 필요하지 않을까? 나의 생각은 어떠한가?

지금까지 여섯 가지 질문법을 배워 봤어요. 질문은 나에게 흥미롭거나 유용한 주제를 만났을 때, 나에게 새로운 자극이 될 때 생깁니다. 배우는 내용을 내가 흥미롭게 느껴야 하므로, 관련 배경 지식을 차곡차곡 쌓으면서 다양한 분야에 호기심을 갖고 관심사를 넓혀 가야 해요.

지금은 이미 알고 있는 지식도 얼마든지 새로운 지식으로 내체될 수 있는 세상입니다. 그러므로 새로운 지식을 배울 때 여러 관점을 두루 살피려는 자세, 다른 사람이 옳다고 하는 사실도 '그렇구나'가 아니라 '그렇다고?' 하고 다시 한번 검토하는 태도가 중요합니다.

3 스스로 써 보는 날단배궁 노트 ✏️

연습 교과서를 읽고 지금까지 배운 내용을 적용하여 날단배궁 노트를 써 볼 거예요. 앞에서 익힌 날단배궁 노트 정리의 기본 기술과 좋은 질문법을 떠올려 봅시다.

노트 정리의 기본 기술	좋은 질문법
1. 선을 이용하여 레이아웃 잡기 2. 번호를 붙여서 내용 구분하기 3. 색깔 펜 사용하기 4. 여백 두기	1. 구체적인 예 찾기 2. 공통점과 차이점 발견하기 3. 과정과 방법 탐구하기 4. 원인과 결과 분석하기 5. 가정하고 상상하기 6. 나의 생각 드러내기

이제 직접 질문을 만들어 봅시다.

 내가 선택한 질문의 유형과 내가 만든 질문은 무엇인가요? 연습 교과서 10~13쪽

> · 질문법 6. 나의 생각 드러내기
> · 이상 기후로 인한 피해를 줄이기 위해 내가 할 수 있는
>   일은 무엇일까?

 내가 만든 질문에 대한 답을 써 보세요.

> · 대중교통을 이용하고 꼭 필요한 물건만 구입한다.
> · 재활용품 분리수거를 잘한다.

날 2025 년 3 월 28 일 금 요일

단 I-2. 우리 국토의 자연환경 | 10~13 쪽

배 (3) 우리나라 기후의 특징을 설명해 봅시다.

1. 날씨와 기후

1) 날씨 : 어느 한 지역에서 짧은 기간에 나타나는 일시적인 대기 상태

2) 기후 : ① 어떤 지역에서 오랜 기간에 걸쳐 나타나는 대기의 평균 상태

② 기온, 비와 눈의 양, 바람 등의 특성으로 나타냄

2. 우리나라 기후의 특징

1) 바람 : ① 여름철 – 남쪽 해양에서 불어오는 뜨겁고 습한 바람

② 겨울철 – 북쪽 대륙에서 불어오는 차갑고 건조한 바람

2) 기온 : ① 1월이 가장 춥고 8월이 가장 더움

② 북쪽에서 남쪽으로 갈수록 기온이 높아짐

③ 내륙 지역보다 해안 지역의 기온이 높음

3) 강수량 : ① 일정 기간, 일정 지역에 내린 비, 눈, 우박, 안개 등의 물의 양

② 여름철에 집중됨

③ 북쪽에서 남쪽으로 갈수록 연평균 강수량이 늘어남

궁 1. 겨울철 강수량이 많은 울릉도, 영동 지방, 제주도는 다른 지역과 어떤 점이 다른 걸까?

내가 쓰는 날단배궁 노트

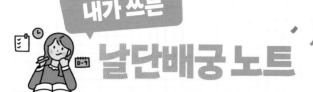

연습 교과서 10~13쪽을 정리해 보세요.

날 년 월 일 요일

단 쪽

배

궁

5장

코넬 노트

똑똑! 길잡이

코넬 노트는 내용 정리, 단서, 요약의 세 영역에 나누어 학습 내용을 정리하는 노트예요. 다른 노트와 다르게 세 영역을 시간 차를 두어 정리하는 게 특징입니다. 수업 시간 중에는 '내용 정리' 영역을 채우고, '단서'와 '요약' 영역은 나중에 작성하지요. 이제 노트 정리의 마지막 단계인 코넬 노트 작성법을 배워 볼까요?

코넬 노트

1 코넬 노트가 뭐예요?

코넬 노트는 코넬 대학교의 교육학 교수인 월터 포크(Walter Pauk)가 학생들의 학습 능력을 향상시키기 위해 만든 노트 정리 방법이에요. 날짜, 단원명, 배움 문제 등을 작성하는 제목 영역을 제외하고, 크게 **내용 정리**, **단서**, **요약**의 세 영역으로 구성되어 있습니다. 배운 내용은 내용 정리 영역에 정리하고, 단서 영역에 질문을 적은 후 요약해요. 노트의 형식이 정해져 있으므로 정리해야 할 내용을 질서 있게 구조화하는 과정이 필요해요.

제목	날짜	년	월	일	요일
	단원명				쪽
	배움 문제				

❶ ❷

(2) 단서	(1) 내용 정리

❸

(3) 요약

2 코넬 노트는 어떻게 써요? 🖊

수업 시작 직전과 직후에 제목 영역을 작성하고, 수업을 들으면서 알게 된 내용을 내용 정리 영역에 기록해요. 단서 영역과 요약 영역은 잠시 비워 둡니다. 두 영역은 내용 정리 영역과 시간 차를 두고 작성한 후, 배운 내용을 복습하고 암기할 때 활용할 거예요.

① 내용 정리 영역

수업 중에는 제시되는 개념이나 정보, 선생님의 설명 등을 '내용 정리' 영역에 체계를 갖추어 적습니다. 보통 수업이 끝나기 5분에서 10분 전쯤 선생님이 해주시는 요약, 정리 부분을 특히 집중해서 들어야 해요.

내용 정리 영역을 작성할 때는 언제든 내용을 덧붙이고 바꿔 쓸 수 있도록 여백을 충분히 두어요. 수업이 끝나면 잠시 시간을 갖고 수업 내용을 떠올려 보세요. 그 다음, 노트에 작성한 내용을 읽고 빠진 부분은 없는지, 잘못 적었거나 알아보지 못하는 부분은 없는지 확인하고 수정해요. 단, 수업 내용을 다 기록하는 것보다 이 시간의 중심 내용만큼은 확실하게 내 것으로 만들겠다는 마음가짐이 중요합니다.

이제 내용 정리 영역을 작성할 때 도움이 되는 두 가지 기술을 배워 봐요.

❶ 핵심을 선별하여 기록하기

노트에는 배움 문제와 관련된 중심 내용과 이를 이해하는 데 도움을 줄 세부 내용을 써요. 고민 없이 교과서를 베껴 쓰거나 선생님 말씀을 그대로 받아 적는 건 정리가 아니에요.

하루 배움 노트에서 연습한 '핵심 단어와 핵심 문장 찾기', 날단배궁 노트에서 연습한 '중심 내용과 뒷받침 내용에 번호를 붙여서 구분하기' 기술은 코넬 노트를 쓸 때에도 요긴하게 쓰이니 다시 한번 확인하고 넘어가세요.

❷ 기호와 약어를 사용하여 줄여 쓰기

기호와 약어(줄임말)를 사용하면 서술어와 개념 간의 관계를 간단하게 나타낼 수 있어요. 내용을 더 간결하게 쓸 수 있으므로 노트 정리에 필요한 시간이 줄어들지요.

노트 정리에서 많이 쓰는 기호들을 알아봅시다.

기호/약어	의미	기호/약어	의미
+	긍정, 덧붙여	↑ , ↓	높다, 낮다
−	부정, ~없이	↗ , ↘	증가, 감소
= , ≠	같다, 다르다	→	순서, 절차, 방향
≒(≈)	비슷하다	⇒	인과, 문제점과 해결 방안
○ , ×	맞다, 아니다	↕	변화
*	보충 설명	↔	대조(반대)
☆	강조, 중요	e.g.	예를 들어
※	주의사항	cf.	비교하여, 참조하여
∴	따라서, 그러므로	多 , 少	많다, 적다
∵	왜냐하면, 이유는	大 , 小	크다, 작다
< , >	~보다 크다, 작다	w/ , w/o	~와 함께, ~없이
!	새롭게 알게 된 내용	p.	페이지(쪽)
?	궁금한 내용	Q , A	질문, 대답
&	그리고	A vs. B	A와 B 비교
or	또는	etc.	등등
a ~ b	a에서 b까지	@ 장소	~에
a ~	a 이후, a 부터	:	뜻, 의미
~ b	b 이전, b 까지	{ , }	같은 항목 묶기

다음은 연습 교과서 8~9쪽의 내용을 기호와 약어를 사용하여 다시 정리한 거예요. 62쪽에서 정리한 노트와 비교해 보세요. 기호와 약어를 사용하여 줄여 쓰니 전체 내용이 한눈에 들어오지요?

---

1. 산지
   ① 우리 국토의 약 70%
   ② 동 ↑, 서 ↓
2. 하천
   ① 흐름 : 북 → 남, 동 → 서
3. 평야
   ① 큰 하천의 하류에 생성
   ② 농사에 유리 ⇒ 사람 多 ⇒ 대도시 발달
4. 해안
   ① 동해안: 단조로운 해안선, 넓은 모래사장
   ② 서해안: 해안선 복잡, 조수간만의 차 ★
      ⇒ 갯벌 발달, 간척 사업, 해산물
   ③ 남해안: 해안선 복잡, 다도해, 양식업 발달

지금까지 기호를 사용하여 정리해 본 적이 없다면, 왼쪽 표에서 내게 익숙한 기호가 있는지 찾아 보세요. 처음에는 이 기호와 약어를 꾸준히 사용하는 것부터 시작해요. 한두 가지 기호를 바로 사용할 수 있을 만큼 익숙해지면 점차 다른 기호들을 시도하면 된답니다. 이제 함께 연습해 볼게요.

연습 교과서 10~13쪽 내용을 기호와 약어를 사용하여 빈칸에 써 보세요.

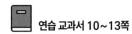 연습 교과서 10~13쪽

단서 영역	내용 정리 영역

1.

날씨	vs.	기후
공통점	대기 상태	
차이점	한 지역	어떤 지역
	짧은 기간	오랜 기간
	일시적	평균적
	변동성 大	반복성 大
		기온, 바람, 강수량

이 영역은
지금 작성하지
않아요!

→

오른쪽
영역에만
학습한 내용을
정리합니다.

2. 우리나라 기후의 계절별, 지역별 특징

1) 바람

여름철 바람 ㉠	겨울철 바람
↖ 남쪽 해양	북쪽 대륙 ㉡
뜨겁고 습함	차갑고 건조함

2) 기온

① 1월 최저 ↔ 8월 최고

② 북쪽 → 남쪽 : 기온 ↗

③ ㉢

3) 강수량

ㄹ

🌱 아래 체크리스트를 참고해 작성한 내용을 검토해 보세요. 보충 및 수정해야 할 부분이 있다면 찾아서 고쳐봅시다.

☐ 중심 내용을 빠짐없이 정리했나요?
☐ 기호와 약어를 사용하여 간결하게 정리했나요?

🌱 기호와 약어를 사용해 잘 정리했나요? 정리한 내용을 아래 예시와 비교해 보세요.

ㄱ vs.

ㄴ ↘

ㄷ 서쪽 내륙 지역 << 동쪽 해안 지역

ㄹ ① 뜻 : 일정 기간, 일정 지역에 내린 물의 양

② 여름철 多多

③ 북쪽 → 남쪽 : 연평균 강수량 ↗

잘 따라왔나요? 이제 여기서 정리한 내용을 활용해 코넬 노트의 단서 영역, 요약 영역 작성법을 이어서 배워 봅시다.

② 단서 영역

단서 영역은 수업이 끝난 후 씁니다. 핵심 단어를 넣어서 질문을 만들면 중요한 내용을 모두 포함할 수 있어요.

단서 영역	내용 정리 영역
산지의 특징은 무엇입니까?	1. 산지 　① 우리 국토의 약 70% 　② 동 ↑ , 서 ↓
하천의 특징은 무엇입니까?	2. 하천 　① 흐름 : 북 → 남, 동 → 서
평야의 특징은 무엇입니까?	3. 평야 　① 큰 하천의 하류에 생성 　② 농사에 유리 ⇒ 사람 多 ⇒ 대도시 발달
해안의 특징은 무엇입니까?	4. 해안 　① 동해안: 단조로운 해안선, 넓은 모래사장 　② 서해안: 해안선 복잡, 조수간만의 차 大 　　　⇒ 갯벌 발달, 간척 사업, 해산물 　③ 남해안: 해안선 복잡, 다도해, 양식업 발달

단서 영역을 질문으로 작성해 두면 나중에 복습할 때 활용하기도 좋아요. 내용 영역을 모두 읽지 않아도 단서 영역의 질문에 답하고 이를 교과서(노트) 내용과 비교하면서 자신이 얼마나 이해하고 있는지 파악할 수 있지요. 또 모르는 부분이 있을 때 노트의 어느 지점을 찾아 읽어야 하는지 가르쳐 주는 북마크의 역할도 한답니다.

서술어를 빼고 질문을 만들어도 좋아요. '산지의 특징은 무엇입니까?' 대신 '산지의 특징은?' 처럼 간결하게 물어볼 수 있어요.

앞서 작성한 코넬 노트(78쪽)의 단서 영역에 들어갈 질문을 만들어 보세요.

 이번 시간의 핵심 단어는 무엇인가요?

날씨, 기후, 특징, 공통점, 차이점, 기온, 계절별, 지역별

 핵심 단어를 이용해 중심 내용을 묻는 질문을 만들어 보세요.

날씨와 기후의 공통점과 차이점은 무엇입니까?

 아래 체크리스트를 참고해 작성한 내용을 검토해 보세요. 보충 및 수정해야 할 부분이 있다면 찾아서 고쳐 봅시다.

☐ 이번 시간 중심 내용과 관련된 질문인가요?
☐ 핵심 단어를 모두 사용했나요?

③ 요약 영역

'요약'은 주어진 정보의 핵심을 간추리고 종합해 자신의 언어로 정리하는 것을 말해요. 코넬 노트에서 가장 중요한 영역으로, 아래 두 질문을 통해 정리할 수 있어요.

> · 이 페이지는 무엇에 대한 내용인가요?
> · 배운 내용 중에서 가장 중요한 것은 무엇인가요?

요약을 할 때에는 '무엇이 가장 중요한지' 끊임없이 생각해야 해요. 자칫 많은 세부 내용에 휩쓸려 놓치기 쉬운 중심 내용을 꼭 붙잡아야 하지요.

요약 영역을 작성하는 가장 간단한 방법은 단서 질문에 대한 답을 차례대로 적는 거예요. 배움 문제의 답을 적어도 좋아요. 기억해야 하는 것은 '한두 문장'으로 해당 페이지의 내용 중 가장 핵심이 되는 부분을 뽑아서 정리해야 한다는 거예요. 노트의 세부 사항을 일일이 확인하지 않아도 주요 정보를 바로 확인할 수 있도록 말이에요.

> ◦ 우리나라는 동고서저의 지형적 특징을 갖고 있으며, 국토의 70%가 산지이다.
> ◦ 하천은 북→남, 동→서로 흐르며, 하류에 평야가 발달하였고, 동·서·남해안은 서로 다른 특징을 갖고 있다.

요약 영역은 다음과 같이 2가지 형태로 작성할 수 있어요. 이 2가지 형태를 모두 사용한 절충형 요약법도 효과적이랍니다.

> · 노트의 매 페이지마다 하단에 해당 페이지의 내용 요약하기
> · 주제 혹은 단원이 끝나는 시점에 배운 내용을 종합하여 요약하기

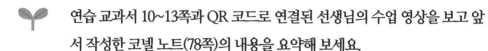 연습 교과서 10~13쪽과 QR 코드로 연결된 선생님의 수업 영상을 보고 앞서 작성한 코넬 노트(78쪽)의 내용을 요약해 보세요.

선생님의 수업 영상

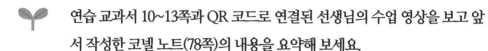 아래 체크리스트를 참고해 작성한 내용을 검토해 보세요. 보충 및 수정해야 할 부분이 있다면 찾아서 고쳐 봅시다.

> ☐ 중심 내용을 찾아 나의 말로 다시 정리했나요?
> ☐ 중심 내용을 한두 문장으로 줄여 썼나요?

3 코넬 노트는 어떻게 활용해요?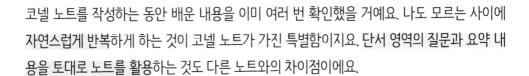

코넬 노트를 작성하는 동안 배운 내용을 이미 여러 번 확인했을 거예요. 나도 모르는 사이에 자연스럽게 반복하게 하는 것이 코넬 노트가 가진 특별함이지요. 단서 영역의 질문과 요약 내용을 토대로 노트를 활용하는 것도 다른 노트와의 차이점이에요.

이제부터는 학습한 내용을 온전히 내 것으로 만들 수 있도록 코넬 노트 활용법을 배울 거예요. '입으로 외우기'와 '오래 깊이 생각하기', '주기적으로 복습하기' 과정을 통해 정리한 내용을 다른 사람에게 정확히 설명할 수 있을 때까지 되새겨 보세요. 그렇게 하다 보면 배운 내용을 나의 삶에 적용해 새로운 아이디어를 떠올릴 수 있답니다.

① 입으로 외우기

코넬 노트를 활용하는 첫 번째 방법은 입으로 소리 내어 외우는 거예요. '암송하기'라고 부르기도 해요. 소리를 내어 외우면 그냥 눈으로 읽을 때보다 더 잘 기억할 수 있어요. 암기가 배운 내용을 외워서 머릿속으로 기억해 내는 것이라면, 암송은 외운 내용을 다른 사람에게 정확하게 말로 설명할 수 있을 정도로 입으로 외우는 거예요. 글자 그대로를 외우는 게 아니라 내가 직접 선택한 단어와 표현을 사용하는 게 중요합니다.

입으로 외우기를 연습하는 방법은 간단해요. 오른쪽 그림처럼 코넬 노트의 내용 정리 영역을 보이지 않게 전부 가린 후 단서 영역의 질문들을 하나씩 읽고 답하는 거예요. 소리를 내어 말하는 게 기본이지만 상황이 여의치 않다면 종이에 적어도 괜찮아요. 다만, 먼저 말로 답을 해보면 글로 쓰는 게 더 쉬워지니 가능하면 소리 내어 말로 해 보는 것을 추천해요.

단서 영역	내용 정리 영역
산지의 특징은 무엇입니까? 하천의 특징은 무엇입니까?	**내용 정리 영역 가리기**

 산지는 우리 국토의 70%를 차지해. 북쪽과 동쪽에 많지.
그래서 우리나라 지형은 동쪽이 높고 서쪽이 낮은 게 특징이야.

답을 말로 할 때에는 완결된 문장으로 또박또박 이야기해야 해요. 말로 답하면 빠르지만 제대로 말했는지 확인하기 어려우므로 친구나 선생님과 함께하는 것을 추천해요. 답을 글로 쓰면 속도는 느리지만 바른 답을 썼는지 확인하기 쉽다는 장점이 있지요.

단서 영역의 첫 번째 질문을 읽고 답을 했다면 가린 종이를 살짝 내려서 답한 내용이 맞는지 확인해요. 대답한 내용이 틀렸거나 모호했다면 다시 내용 영역을 가리고 정확하게 답을 말할 수 있을 때까지 도전해야 해요. 첫 번째 질문에 대한 답을 정확하게 말하거나 쓸 수 있다면 두 번째 질문으로 넘어가요. 이렇게 단서 영역에 적어 놓은 모든 질문에 정확하고 분명하게 답을 할 수 있을 때까지 같은 과정을 반복합니다.

앞에서 정리한 코넬 노트의 내용 영역(78쪽)과 단서 영역(81쪽)을 참고해 입으로 외우기를 연습해 봅시다. 아래 질문에 먼저 말로 답한 후, 글로 적어 보세요.

1. 날씨와 기후의 차이점은 무엇인가요?

2. 우리나라 바람의 계절별/지역별 특징은 무엇인가요?

3. 우리나라 기온의 계절별/지역별 특징은 무엇인가요?

4. 우리나라 강수량의 계절별/지역별 특징은 무엇인가요?

아래 체크리스트를 참고해 입으로 외우기 과정을 검토해 보세요. 보충 및 수정해야 할 부분이 있다면 찾아서 고쳐 봅시다.

☐ 단서 영역 질문에 정확하고 분명한 말로 답할 수 있나요?
☐ 단서 영역의 질문에 모두 답을 했나요?

② 오래 깊이 생각하기

말 그대로 시간을 충분히 들여서 생각하고, 새로운 아이디어를 발견하는 방법을 말해요. '성찰하기'라고 부르기도 하지요. 오래 깊이 생각하는 과정은 학습한 내용을 면밀히 이해하고 창의적으로 생각할 수 있게 합니다. 덕분에 배운 내용을 더 오래 기억하고 쉽게 떠올릴 수 있지요. 다음은 오래 깊이 생각하기 과정을 위한 도움 질문이에요.

> · 이 내용은 왜 중요한가요?
> · 이 내용은 다른 주제와 어떻게 연결될까요?
> · 이 내용을 어디에 적용할 수 있을까요?

작성한 노트에 표시를 덧붙이며 내용들 사이의 중요성을 서로 비교해 보세요. 가장 많이 표시된 내용이 오래 깊이 생각할 대상이 됩니다.

> 1. 노트를 읽으며 중요하다고 생각하는 부분에 표시하기
> 2. 표시한 부분 중 특히 중요하다고 생각되는 곳에 표시 하나 덧붙이기
> 3. 표시를 덧붙인 부분 중 눈에 띄는 곳에 표시 하나 더 추가하기
>
> | 중요도 ☆ | | 중요도 ☆ ☆ | | 중요도 ☆ ☆ ☆ |
> |:---:|:---:|:---:|:---:|:---:|
> | ✓ | → | ⋁ | → | ⋁ |

 아래 체크리스트를 참고해 오래 깊이 생각하기 과정을 검토해 보세요. 보충 및 수정해야 할 부분이 있다면 찾아서 고쳐봅시다.

> ☐ 표시를 덧붙여 읽으며 오래 깊이 생각해 볼 대상을 찾았나요?
> ☐ 도움 질문에 답을 하며 대상을 곰곰이 살펴 보았나요?

③ 주기적으로 빠르게 복습하기

코넬 노트의 단서 영역과 요약 영역의 내용을 일정한 시간 간격을 두고 반복해서 보는 것으로 시험과 평가를 준비할 수 있어요.

기간	복습 방법
매일	· 단서 질문이나 핵심 단어 위주로 빠르게 훑어보기 · 주요 내용 표시하고 세부 사항 추가하기
일주일마다	단서 영역 질문에 정확하게 말로 답하기
한 달마다	개념 사이의 관계와 지식의 구조 파악하기

여러 번 복습하는 습관을 가질 수 있도록 코넬 노트 양식에 다음과 같은 체크 칸을 만드는 것도 좋아요.

복습하기			
횟수	1회차	2회차	3회차
날짜	(/)	(/)	(/)

코넬 노트를 정성 들여 충실하게 썼다면, 이제 남은 일은 정리한 노트를 내 곁에 가까이 두고 자주 펼쳐 보는 거예요. 나의 노트에 애정 어린 시선을 주면 줄수록 노트는 여러분의 든든한 학습 친구가 되어 줄 거예요.

 아래 체크리스트를 참고해 주기적으로 빠르게 복습하기 과정을 검토해 보세요. 보충 및 수정해야 할 부분이 있다면 찾아서 고쳐 봅시다.

☐ 매일, 일주일, 한 달마다 반복하여 다시 보았나요?
☐ 노트를 가까이 두고 자주 펼쳐 보았나요?

4 스스로 쓰고 활용해 보는 코넬 노트 ✏️

지금까지 배운 내용을 적용해 코넬 노트를 직접 작성하고 활용해 볼 거예요. 아래 내용을 참고하여 연습 교과서 10~13쪽의 내용을 코넬 노트에 정리하고 활용해 봅시다.

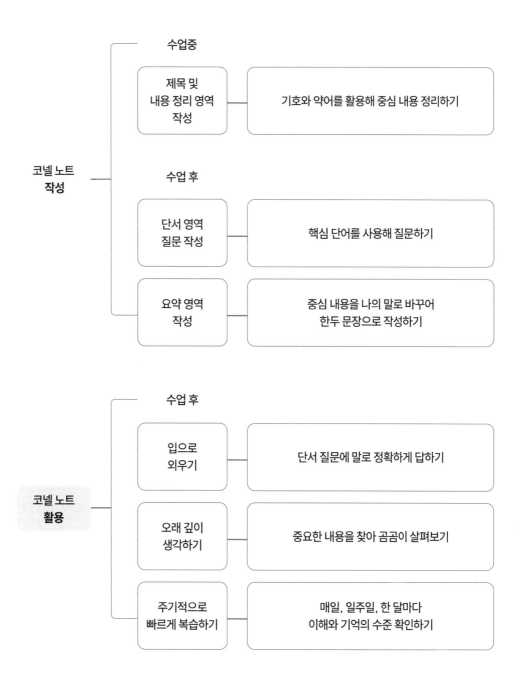

복습하기		
1회차	2회차	3회차
(3 / 26)	(3 / 30)	(4 / 20)

2025 년 3 월 26일 수 요일

I - 2. 우리 국토의 자연환경	10~13 쪽

(3) 우리나라 기후의 특징을 설명해 봅시다.

날씨와 기후의 차이점은?	1.		
		날씨 vs. 기후	
	공통점	대기 상태	
	차이점	한 지역	어떤 지역
		짧은 기간	오랜 기간
		일시적	평균적
		변동성 大	반복성 大
			기온, 바람, 강수량

2. 우리나라 기후의 계절별, 지역별 특징

바람의	1) 바람		
계절/지역별	여름철 바람	vs.	겨울철 바람
특징은?	↖ 남쪽 해양		북쪽 대륙 ↘
	뜨겁고 습함		차갑고 건조함

	2) 기온
기온의	① 1월 최저 ↔ 8월 최고
계절/지역별	② 북쪽 → 남쪽 : 기온 ↗
특징은?	③ 서쪽 내륙 지역 << 동쪽 해안 지역

	3) 강수량
강수량이란?	① 뜻: 일정 기간, 일정 지역에 내린 물의 양
계절/지역별	② 여름철 多 多
특징은?	③ 북쪽 → 남쪽 : 연평균 강수량 ↗

◦ 기후는 어떤 지역에서 오랜 기간 반복된 대기의 평균 상태이다.

◦ 우리나라는 여름철 남쪽 해양에서 고온다습한, 겨울철 북쪽 대륙에서 한랭건조한 바람이 분다.

◦ 기온은 여름철/남쪽/동쪽 해안 지역이 높고, 강수량은 여름철/남쪽이 많다.

● 효과적인 코넬 노트 작성 및 활용을 위한 자기 점검 체크리스트

단계 및 영역		질문	확인
코넬 노트 작성	내용 정리	· 기호와 약어를 활용하여 중심 내용을 정리했나요?	☐
	단서	· 핵심 단어를 사용하여 질문했나요?	☐
	요약	· 중심 내용을 나의 말로 바꾸어 한두 문장으로 작성했나요?	☐
코넬 노트 활용	입으로 외우기	· 단서 질문에 말로 정확하게 답할 수 있나요?	☐
	오래 깊이 생각하기	· 중요한 내용을 찾아 곰곰이 살펴보았나요?	☐
	주기적 복습	· 매일, 일주일, 한 달마다 이해와 기억의 수준을 확인했나요?	☐

내가 쓰는

코넬노트

연습 교과서 10~13쪽을 정리해 보세요.

복습하기		
1회차	2회차	3회차
(/)	(/)	(/)

년   월   일   요일

쪽

● 효과적인 코넬 노트 작성 및 활용을 위한 자기 점검 체크리스트

단계 및 영역		질문	확인
코넬 노트 작성	내용 정리	· 기호와 약어를 활용하여 중심 내용을 정리했나요?	☐
	단서	· 핵심 단어를 사용하여 질문했나요?	☐
	요약	· 중심 내용을 나의 말로 바꾸어 한두 문장으로 작성했나요?	☐
코넬 노트 활용	입으로 외우기	· 단서 질문에 말로 정확하게 답할 수 있나요?	☐
	오래 깊이 생각하기	· 중요한 내용을 찾아 곰곰이 살펴보았나요?	☐
	주기적 복습	· 매일, 일주일, 한 달마다 이해와 기억의 수준을 확인했나요?	☐

6장

노트 정리 실천

똑똑! 길잡이

지금까지 단계별 노트 정리법을 배워 보았습니다. 여기까지 잘 따라왔나요? 혹시 아직 노트 정리가 어색한가요? 괜찮아요. 열심히 잘 배웠다면, 꾸준한 연습을 통해 내 공부의 주인이 될 수 있답니다. 이제부터는 연습 교과서를 보고 하루 배움 노트, 날단배궁 노트, 코넬 노트 양식을 선택해 스스로 내용을 정리해 보세요.

내가 쓰는

하루 배움 노트

년   월   일   요일

오늘의 목표

과목명	배운 내용	
교시		쪽

더 알아볼 내용 적기
(궁금한 점) ▶

내가 쓰는 하루 배움 노트

년   월   일   요일

오늘의 목표

과목명	배운 내용	
교시		쪽

더 알아볼 내용 적기
(궁금한 점) ▶

내가 쓰는

날단배궁노트

날   년   월   일   요일

단   쪽

배

궁

내가 쓰는 날단배궁 노트

날   년   월   일   요일

단   쪽

배

궁

년   월   일   요일

쪽

● 효과적인 코넬 노트 작성 및 활용을 위한 자기 점검 체크리스트

단계 및 영역		질문	확인
코넬 노트 작성	내용 정리	· 기호와 약어를 활용하여 중심 내용을 정리했나요?	☐
	단서	· 핵심 단어를 사용하여 질문했나요?	☐
	요약	· 중심 내용을 나의 말로 바꾸어 한두 문장으로 작성했나요?	☐
코넬 노트 활용	입으로 외우기	· 단서 질문에 말로 정확하게 답할 수 있나요?	☐
	오래 깊이 생각하기	· 중요한 내용을 찾아 곰곰이 살펴보았나요?	☐
	주기적 복습	· 매일, 일주일, 한 달마다 이해와 기억의 수준을 확인했나요?	☐

내가 쓰는

년   월   일   요일

쪽

● 효과적인 코넬 노트 작성 및 활용을 위한 자기 점검 체크리스트

단계 및 영역		질문	확인
코넬 노트 작성	내용 정리	· 기호와 약어를 활용하여 중심 내용을 정리했나요?	☐
	단서	· 핵심 단어를 사용하여 질문했나요?	☐
	요약	· 중심 내용을 나의 말로 바꾸어 한두 문장으로 작성했나요?	☐
코넬 노트 활용	입으로 외우기	· 단서 질문에 말로 정확하게 답할 수 있나요?	☐
	오래 깊이 생각하기	· 중요한 내용을 찾아 곰곰이 살펴보았나요?	☐
	주기적 복습	· 매일, 일주일, 한 달마다 이해와 기억의 수준을 확인했나요?	☐

상

이름 {   }

위 어린이는 <1등의 공부기술 초등 노트 정리>로
재미있게 공부하여 노트 정리의 기술을
내 것으로 만들었으므로
이 상장으로 칭찬합니다.

20   년   월   일

양 영 심 선생님

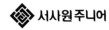 서사원주니어

선생님 수업
영상 보기

1등의 공부 기술

초등 노트 정리

양영심 지음

연습 교과서

1등의 공부기술

초등 노트 정리 연습교과서

양영심 지음

연습교과서

서사원주니어

[목차]

사회, 과학 중 한 단원씩 골라 노트 정리 연습을 해 보세요. 하루 배움 노트, 날단배궁 노트, 코넬 노트 순서로 연습하다가 자신감이 생기면 코넬 노트 쓰기만 해도 좋아요.

사회

과학

연습
교과서
사회

5-1 사회
<지리> 영역

I. 국토와 우리 생활

2. 우리 국토의 자연환경

(1) 우리나라에서 볼 수 있는 다양한 지형에 대해 설명해 볼까요?

[그림 1] 우리나라 전경

[그림 2] 설악산

[그림 3] 평사리 들판

[그림 4] 독도

[그림 5] 화천 평화의 댐

[그림 6] 안동 하회마을

[그림 7] 해운대 해수욕장

예로부터 우리나라의 아름다운 자연환경이 마치 비단에 수를 놓은 것 같다고 하여 '금수강산'이라고 불렀습니다. 우리나라를 여행하면서 본 다양한 자연환경에 대해 이야기를 나누어 볼까요?

우리가 살고 있는 땅의 모습은 다양합니다. 국토의 동쪽과 서쪽, 남쪽은 바다와 맞닿아 있고, 물줄기가 이어지는 곳도 있습니다. 낮고 편평한 지역이 있는 반면, 가파르고 높은 곳도 찾을 수 있습니다. 이와 같은 땅의 생김새를 지형이라고 합니다. 우리나라에는 산지, 하천, 평야, 해안, 섬 등 다양한 지형이 있습니다.

산지는 여러 산들이 모여서 만드는 지형을 말합니다. 하천은 강과 천을 합친 말로 빗물과 지하수가 낮은 곳으로 흘러가면서 만드는 크고 작은 물줄기를 뜻합니다. 하천 주변 등에 펼쳐져 있는 넓고 편평한 땅을 평야라고 합니다. 해안은 바다와 맞닿은 육지 부분입니다. 섬은 바다로 둘러싸인 땅으로 우리나라에는 약 3,300여 개의 섬이 있습니다.

활동하기 **본문에 나온 우리나라 자연환경의 사진과 해당하는 지형을 바르게 연결해 봅시다.**

설악산 ●		● 산지 ●		● 화천 평화의 댐
		● 하천 ●		
평사리 들판 ●		● 평야 ●		● 안동 하회마을
		● 해안 ●		
독도 ●		● 섬 ●		● 해운대 해수욕장

더 나아가기 **내가 살고 있는 지역의 땅의 생김새는 어떠한지 살펴봅시다.**

5-1 사회
<지리> 영역

선생님의
수업 영상

I. 국토와 우리 생활

2. 우리 국토의 자연환경

(2) 우리나라의 산지, 하천, 평야, 해안의 특징에 대해 알아볼까요?

우리나라 지형에는 어떤 특징이 있을까요? 우리나라의 지형도와 지형 단면도, 해안선을 표시한 백지도를 보고 우리나라의 산지, 하천, 평야, 해안의 분포와 특징을 살펴봅시다.

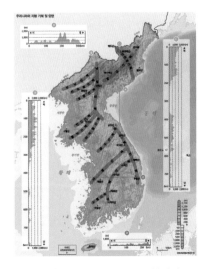

[그림 1] 우리나라의 지형도와 지형 단면도

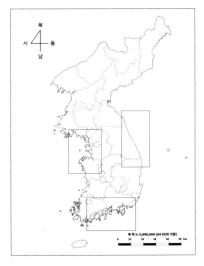

[그림 2] 우리나라의 해안선

우리 국토의 약 70%는 산지로 이루어져 있습니다. [그림 1]의 지형도를 보면 높은 산이 많은 북쪽과 동쪽은 짙은 갈색이고, 서쪽과 남쪽은 녹색입니다. 이를 통해 갈색(산지) 부분이 초록색(평지) 부분보다 더 많다는 것을 알 수 있습니다. A~D로 표현된 지형 단면도에서 우리나라의 지형이 전체적으로 동쪽이 높고 서쪽이 낮다는 것을 확인할 수 있습니다.

이러한 지형적 특징에 따라 대부분의 큰 하천은 북쪽에서 남쪽으로, 동쪽에서 서쪽으로 흐릅니다. 큰 하천의 하류에는 강물을 타고 떠내려온 흙과 모래가 쌓여 넓은 평야가 만들어집니다. 하천 주변의 평야는 농사짓기가 유리하여 사람들이 많이 모여 살고 큰 도시가 발달하기도 합니다.

활동하기 **[그림 2] 지도에 표시된 세 곳의 해안선을 사인펜으로 따라 그려 봅시다.**

우리나라는 국토의 삼면이 바다로 둘러싸여 있는 반도 국가입니다. 동해안은 해안선이 비교적 단조롭고 모래사장이 넓게 펼쳐져 있는 곳이 많습니다. 서해안은 해안선이 복잡하고 밀물과 썰물의 차이가 커서 갯벌이 발달했습니다. 사람들은 갯벌에서 조개, 게 등의 해산물을 채취하기도 하고, 갯벌을 간척하여 농경지나 공업용지로 사용하기도 합니다. 남해안은 해안선이 복잡하고, 크고 작은 섬이 많아 '다도해'라고도 불립니다. 수온이 높고 물결이 잔잔하여 김, 어패류 등을 기르는 양식업이 발달했습니다.

산지, 하천, 평야, 해안 등의 지형은 사람들의 생활 모습에 많은 영향을 끼칩니다. 사람들은 자신이 사는 지역의 지형에 적응하거나 더 나은 삶을 위하여 지형을 개발하면서 살아가고 있습니다.

더 나아가기 **사람들이 생활 속에서 지형을 이용하며 살아가는 모습을 조사해 봅시다.**

<지리> 영역

I. 국토와 우리 생활

2. 우리 국토의 자연환경

(3) 우리나라 기후의 특징에 대해 설명해볼까요?

우리나라는 중위도에 위치하여 봄, 여름, 가을, 겨울의 사계절의 변화가 비교적 뚜렷하게 나타납니다. 봄은 대체로 온화하지만 꽃샘추위와 황사가 올 때가 있습니다. 여름은 무덥고 습하며 비가 많이 옵니다. 가을은 맑고 서늘하며 겨울은 춥고 건조한 편으로 눈이 내릴 때가 있습니다.

[그림 1] 봄-진해 여좌천 　 [그림 2] 여름-대천 해수욕장 　 [그림 3] 가을-덕수궁 　 [그림 4] 겨울-영암 월출산

날씨가 어느 한 지역에서 짧은 기간에 나타나는 일시적인 대기 상태를 말한다면, 기후는 어떤 지역에서 오랜 기간에 걸쳐 나타나는 대기의 평균 상태를 뜻합니다. 기후는 기온, 비와 눈의 양, 바람 등의 특성으로 나타냅니다. 날씨는 하루 동안에도 자주 변하지만 기후는 반복되는 현상으로 사람들의 삶의 방식과 문화에 큰 영향을 줍니다.

우리나라는 계절에 따라 불어오는 바람의 방향이 다릅니다. 여름철에는 남쪽 해양에서 뜨겁고 습한 바람이 불어옵니다. 겨울철에는 북쪽 대륙에서 형성된 차갑고 건조한 바람이 붑니다.

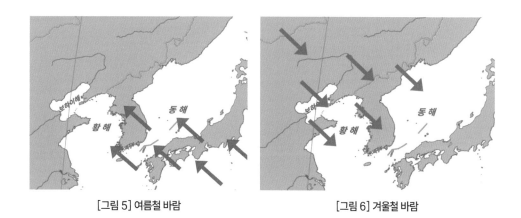

[그림 5] 여름철 바람   [그림 6] 겨울철 바람

우리나라의 기온과 강수량은 계절과 지역에 따라 어떤 차이가 있을까요?

활동하기 ① 다음 *기후도를 보고 우리나라 기온의 계절별, 지역별 특징을 정리하여 봅시다.

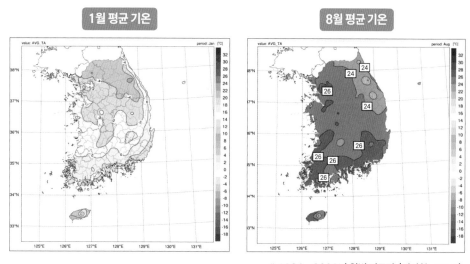

1월 평균 기온   8월 평균 기온

* 1991~2020년 월별 평균값 (기상청, 2022)

* 기후도: 지역에 따라 기후가 어떻게 분포되어 있는지를 나타내는 지도

(1) 1월과 8월 중 평균 기온이 높은 시기는 언제인가요?

....

(2) 기온은 북쪽에서 남쪽으로 갈수록 대체로 (높아집니다 / 낮아집니다).

(3) 다음은 비슷한 위도에 위치해 있는 서울과 강릉의 1월 평균 기온값입니다. 서울과 강릉의 1월 평균 기온이 차이가 나는 까닭은 무엇일까요?

	서울	강릉
1월 평균 기온값	-1.9	0.9

....

....

....

우리나라는 대체로 1월에 가장 춥고, 8월이 가장 덥습니다. 우리나라는 남북으로 길게 뻗어 있어 같은 날에도 남쪽과 북쪽의 기온 차이가 크게 나타납니다. 대체로 남쪽으로 갈수록 기온이 높아져 따뜻하고, 북쪽으로 갈수록 기온이 낮아져 춥습니다. 동쪽과 서쪽 지역 간에도 기온차가 발생합니다. 북서풍을 막아 주는 태백산맥과 수심이 깊은 동해의 영향으로 바다와 가까운 해안 지역의 겨울 기온이 바다에서 멀리 떨어진 내륙 지역보다 높게 나타납니다.

강수량은 일정 기간 동안 일정한 지역에 내린 비, 눈, 우박, 안개 등 물의 양을 말합니다. 우리나라의 연평균 강수량은 약 1,300mm로 이중 절반 이상이 장마와 태풍 등의 영향으로 여름철에 집중됩니다. 우리나라는 지역과 계절에 따라 강수량의 차이가 큰 편으로, 울릉도와 영동 지방, 제주도는 눈이 많이 내려서 겨울에도 강수량이 많습니다.

다음에 제시된 연평균 강수량 지도와 계절별 강수량 지도를 보고 우리나라 강수량의 계절별, 지역별 특징을 정리하여 봅시다.

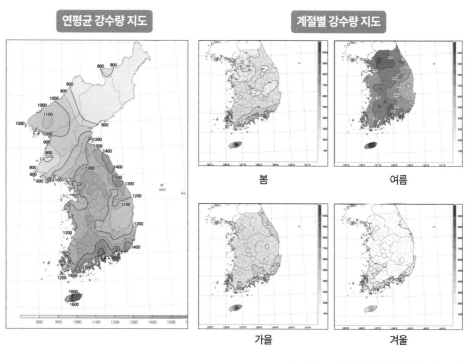

* 1991~2020년 평균값 (기상청, 2022)

(1) 연평균 강수량은 북쪽에서 남쪽으로 갈수록 점점 (늘어납니다 / 줄어듭니다).

(2) 비가 가장 많이 내리는 계절은 언제인가요?

(3) 겨울철 강수량이 비교적 많은 지역은 어떤 특징을 갖고 있나요?

더 나아가기   기후의 영향에 따른 사람들의 생활 모습에 대하여 조사하여 정리해 봅시다.

<역사> 영역

I. 옛 사람들의 삶과 문화

1. 나라의 등장과 발전

(1) 고조선의 건국과 발전 과정에 대해 알아볼까요?

*청동으로 생활에 필요한 도구와 무기를 만들어 사용하게 되면서 권력을 가진 세력들이 나타났습니다. 이들 중 강한 세력을 가진 집단은 주변의 다른 집단들을 정복하며 세력을 넓혔고 이 과정에서 우리 역사 최초의 국가인 고조선이 세워졌습니다. 일연의 「삼국유사」를 보면 고조선의 건국과 그 당시 생활 모습에 대해 알 수 있습니다.

* 청동 : 구리와 주석을 혼합한 합금

활동하기 ① 「삼국유사」에 나오는 고조선 건국 이야기를 읽고, 밑줄 친 내용과 이 내용이 의미하는 바를 바르게 연결하여 봅시다.

> 하늘을 다스리는 환인의 아들 환웅은 인간 세상을 널리 이롭게 하기 위하여 ㉠비, 바람, 구름을 다스리는 신하와 무리 삼천여 명을 이끌고 인간 세상에 내려왔습니다.
>
> 어느 날 환웅에게 ㉡사람이 되고 싶은 곰과 호랑이가 찾아왔습니다. 환웅은 쑥과 마늘을 주면서 '이것을 먹고 백 일 동안 햇빛을 보지 않으면 사람의 모습이 될 것이다'라고 하였습니다. 호랑이는 끝내 이를 견디지 못하였지만 곰은 잘 참고 견뎌 여자의 몸(웅녀)이 되었습니다.
>
> ㉢환웅은 웅녀와 혼인하여 단군왕검을 낳았습니다. 단군왕검은 평양성에 도읍을 정하고 나라 이름을 '조선'이라고 하였습니다.

ㄱ	비, 바람, 구름을 다스리는 신하와 함께함.	동물을 숭배하는 부족이 환웅 부족과 함께하고 싶어함.
ㄴ	사람이 되고 싶은 곰과 호랑이가 환웅을 찾아옴.	환웅 부족과 곰을 받드는 부족이 힘을 합함.
ㄷ	환웅이 웅녀와 혼인함.	당시 사람들은 농사를 중요하게 생각함.

고조선은 우수한 청동기 문화를 바탕으로 점차 세력을 확장해 나갔습니다. 비파형 동검, 미송리식 토기, 탁자식 고인돌 등은 고조선을 대표하는 문화유산입니다. 이들의 분포를 바탕으로 고조선의 문화가 영향을 미친 범위를 추정해 볼 수 있습니다.

[그림 1] 비파형 동검

[그림 2] 미송리식 토기

[그림 3] 탁자식 고인돌

고조선은 사회 질서를 유지하기 위해 백성들이 지켜야 하는 8개의 법 조항을 만들었는데 이중 3개가 현재까지 전해집니다. 이 조항들로부터 고조선의 사회 모습과 고조선에서 중시했던 가치를 짐작할 수 있습니다.

다음 고조선의 법 조항을 보고 짐작할 수 있는 당시의 사회 모습을 보기 의 낱말을
활용하여 써 봅시다.

> · 사람을 죽인 자는 사형에 처한다.
>
> · 남을 다치게 한 사람은 곡식으로 갚는다.
>
> · 도둑질한 사람은 데려다 노비로 삼는다. 죄를 면하려면 50만 전을 내야 한다.

보기   개인 재산   농사   신분   화폐   엄격

<역사> 영역

I. 옛 사람들의 삶과 문화

1. 나라의 등장과 발전

(2) 삼국과 가야의 성립과 발전 과정을 알아볼까요?

고조선의 멸망 전후, 한반도에는 철기 문화를 바탕으로 여러 나라들이 세워졌습니다. 그중 백제, 고구려, 신라는 왕권을 강화하여 나라를 안정시키고 주변국을 정복하며 영토를 넓혀 갔습니다.

[그림 1] 4세기 백제의 전성기

[그림 2] 5세기 고구려의 전성기

[그림 3] 6세기 신라의 전성기

백제의 건국과 발전

백제는 고구려의 왕자였던 온조가 남쪽으로 내려와서 한강 유역에 세운 나라입니다. 백제는 일찍부터 황해와 남해를 통해 여러 나라와 활발하게 교류하며 우아하고 세련된 문화를 만들어 갔습니다. 근초고왕 때 만들어진 것으로 보이는 칠지도에는 백제의 왕세자가 왜 왕에게 전해 준다는 글이 새겨져 있습니다. 이것을 통해 그 당시 백제와 왜의 관계를 짐작해 볼 수 있습니다.

[그림 4] 칠지도

17

4세기 후반 근초고왕 때 삼국 중 가장 먼저 전성기를 맞이한 백제는 남쪽으로는 전라도 일대를 차지하고 북쪽으로는 고구려의 평양성을 공격하여 황해도 일부 지역까지 세력을 뻗쳤습니다.

고구려의 건국과 발전

고구려는 주몽이 압록강 유역의 졸본에 세운 나라입니다. 이후 고구려는 도읍을 국내성(지안)으로 옮기고 주위의 작은 나라들을 정복하며 성장해 나갔습니다.

5세기 광개토대왕 때 전성기를 맞이한 고구려는 활발한 정복 활동으로 서쪽으로는 *요동 지역을, 남쪽으로는 한강 이북 지역을 차지하였습니다. 광개토대왕의 뒤를 이어 왕위에 오른 장수왕은 도읍을 평양성으로 옮긴 후 백제를 공격하여 한성을 함락하고 한강 유역을 모두 차지하였습니다. 장수왕은 아버지인 광개토대왕의 업적을 기리기 위해 광개토대왕릉비를 세웠습니다.

신라의 건국과 발전

신라는 박혁거세가 지금의 경주 지역을 중심으로 세운 나라입니다. 삼국 중 발전이 가장 늦었던 신라는 6세기 법흥왕 때 불교를 받아들여 왕의 권한을 강화하고, *율령을 반포하여 나라의 체제를 갖추었습니다.

뒤를 이은 진흥왕은 백제와 힘을 합쳐 고구려가 차지하고 있던 한강 상류 지역을 빼앗았습니다. 그 뒤 백제가 차지하고 있던 한강 하류 지역까지 차지하면서 전성기를 맞이합니다. 대가야를 정복하여 가야 세력을 흡수하고 북쪽으로도 세력을 넓혀 지금의 함흥 일대까지 진출하였습니다.

[그림 5] 백제 산수무늬 벽돌

[그림 6] 고구려 광개토대왕릉비

[그림 7] 신라 진흥왕 *순수비

가야의 발전

가야는 여러 작은 나라들로 이루어진 연맹 국가였습니다. 풍부한 철을 바탕으로 철기 문화가 발달하였으며 해로를 이용하여 다른 나라와 활발히 교류하였습니다.

처음에는 김해의 금관가야가 가야 연맹을 이끌었으나, 고구려의 공격을 받은 후 고령의 대가야가 가야 연맹의 중심이 되었습니다. 그러나 가야 연맹은 신라와 백제의 압력과 간섭으로 세력을 키워 나가지 못하였고, 진흥왕이 대가야를 정복하면서 결국 신라에 흡수되었습니다.

* 요동, 요서 지역: 중국의 랴오허강을 기준으로 동쪽을 요동 지역, 서쪽을 요서 지역이라고 함.
* 율령: 형률과 법령. 법률을 통틀어 이르는 말
* 순수: 황제나 왕이 영토 각지를 돌아다니며 천지 산천에 제사를 올리고, 방문한 지방의 정치와 백성들의 동향을 살피던 행위
* 순수비: 왕이 순수한 것을 기념하고 왕의 덕과 업적을 찬양하기 위하여 글을 새겨 세운 비석

활동하기 **삼국의 전성기 지도를 투명 종이에 본떠 겹친 후, 다음 질문에 답해 봅시다.**

(1) 삼국이 전성기 시절에 공통적으로 차지한 지역은 어디인가요?

(2) 이 지역이 삼국의 발전 무대가 된 까닭은 무엇인가요?

<역사> 영역

I. 옛 사람들의 삶과 문화

1. 나라의 등장과 발전

(3) 신라의 삼국 통일 과정과 발해의 발전 과정을 알아볼까요?

신라의 삼국 통일

신라가 한강 유역을 차지한 후, 백제는 한강 지역을 되찾기 위하여 신라를 연이어 공격하였습니다. 백제의 공격을 받아 위기에 처한 신라는 김춘추를 당나라에 보내 *동맹을 맺었습니다.

[그림 1] 신라의 삼국 통일 과정

김춘추가 왕위에 오른 후 김유신이 이끄는 신라의 군대는 당나라 군대와 연합하여 백제를 멸망시켰습니다(660년, 태종무열왕). 이후 신라군은 당군과 함께 평양성을 함락하고 고구려도 멸망시켰습니다(668년, 문무왕).

백제와 고구려가 멸망하자 당나라는 신라와의 동맹을 깨고 한반도 전체를 차지하려고 하였습니다. 이에 신라는 옛 고구려 사람들과 힘을 합쳐 당에 맞서 싸웠습니다. 매소성과 기벌포에서 크게 승리한 신라는 마침내 한반도에서 당나라를 물리치고 삼국을 통일하였습니다(676년, 문무왕). 문무왕과 뒤를 이은 왕들은 옛 백제와 고구려 사람들을 아우르는 정책을 펼치며 백성의 생활을 안정시키는 데 힘썼습니다.

* 동맹: 공동의 목적을 위하여 동일한 행동을 하기로 한 약속

신라는 어떻게 당과 동맹을 맺게 되었을까요?

> 백제의 공격으로 신라가 위기에 빠지자 김춘추는 먼저 고구려에 가서 도움을 요청했습니다. 그러나 고구려는 신라가 점령한 옛 고구려의 땅을 돌려 달라고 요구하면서 신라의 요청을 거부하였습니다. 고구려와의 협상에 실패한 김춘추는 포기하지 않고 당나라로 가서 동맹을 제안하였습니다. 마침 당나라는 고구려를 공격했다가 패배하였던 터라 김춘추의 제안을 선뜻 받아들였습니다. 나·당 동맹은 신라가 삼국을 통일하는 데에 중요한 밑바탕이 되었습니다.

발해의 건국과 발전

고구려가 멸망한 뒤 당은 고구려 유민들을 강제로 중국 곳곳에 옮겨 살게 하였습니다. 요서 지역으로 끌려가서 살고 있던 고구려 출신 대조영은 당이 혼란스러운 틈을 타서 고구려인과 *말갈 사람들을 이끌고 만주 동모산 지역에 발해를 세웠습니다(698년).

발해는 빠르게 나라를 정비하고 세력을 키워나갔습니다. 건국한지 100여 년이 지난 9세기 초에는 옛 고구려의 땅을 대부분 회복하여 가장 넓은

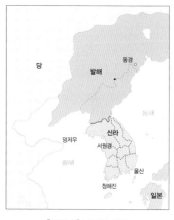

[그림 2] 남북국 시대

영토를 차지하였습니다. 이에 당나라에서는 발해를 '바다 동쪽에 있는 크게 번영한 나라'라는 뜻으로 '해동성국'이라 부르기도 하였습니다. 스스로 고구려를 계승한 나라임을 내세운 발해는 고구려의 문화를 바탕으로 다른 나라의 문화를 받아들이면서 독자적인 문화를 일구어냈습니다.

* 말갈 사람들: 한반도 북부와 만주 지역에 살던 사람들

우리 역사에서 신라의 삼국통일이 갖는 의미에 대하여 이야기해 봅시다.

연습
교과서
과학

4-2 과학
<지구와 우주> 영역

IV. 화산과 지진

1. 화산 활동이 일어나면 어떤 물질이 나올까요?

화산 활동이란 땅속 깊은 곳에서 암석이 녹아 생긴 마그마가 지표면을 뚫고 나오는 것을 말합니다. 화산은 화산 활동으로 생성된 지형입니다.

화산은 크기와 모양이 다양합니다. 화산의 꼭대기에는 대체로 움푹 파여 있는 분화구가 있습니다. 백두산의 천지나 한라산의 백록담처럼 분화구에 물이 고여 호수나 물웅덩이가 만들어지기도 합니다.

[그림 1] 우리나라 - 백두산

[그림 2] 우리나라 - 한라산

[그림 3] 하와이 - 다이아몬드헤드

[그림 4] 뉴질랜드 - 화이트 아일랜드

화산이 분출할 때에는 연기가 구름처럼 피어나고 뜨거운 용암이 흐릅니다. 회색 먼지가 땅과 하늘을 뒤덮고 사방으로 돌이 튀기도 합니다. 화산이 분출할 때 나오는 화산 가스, 용암, 화산재, 화산 암석 조각 등을 화산 분출물이라고 합니다. 화산 가스는 화산이 분출할 때 나오는 기체로 수증기가 대부분입니다. 땅속에 있던 마그마가 지표를 뚫고 나와 흘러내리는 것을 용암이라고 하며, 고운 입자를 가진 옅은 회색의 가루를 화산재라고 합니다. 화산재보다 크기가 크고 다양한 모양을 가진 돌덩이는 화산 암석 조각입니다.

실제 화산 활동이 담긴 사진이나 영상을 찾아보고, 화산 활동의 결과 어떤 물질이 나오는지 화산 활동 모형 실험으로 알아봅시다.

탐구 활동 **화산 활동의 결과 생기는 물질 알아보기**

✦ **준비해요** ✦

스마트 기기, 알루미늄 포일, 마시멜로, 은박 접시, 식용 색소(붉은 색), 고체 연료, 가열 기구, 점화기, 실험용 장갑, 보안경, 실험복

✦ **활동해요** ✦

1. 스마트 기기를 활용하여 화산이 분출하는 모습이 담긴 사진이나 영상을 찾아보고, 화산 활동이 일어날 때 나타나는 현상을 관찰해 봅시다.

아이슬란드 - 리틀리 흐루튀르

필리핀 - 마욘

2. 마시멜로와 알루미늄 포일로 화산 활동 모형을 만들고, 실제 화산 활동과 비교하여 봅시다.

❶ 알루미늄 포일 가운데에 마시멜로를 작게 잘라 올리고, 마시멜로 위에 붉은색 식용 색소를 뿌립니다.

❷ 알루미늄 포일로 마시멜로를 감싸 올립니다. 이때, 화산 모양처럼 윗부분을 조금 열어 둡니다.

❸ 가열 기구 위에 은박 접시를 놓고, ❷에서 만든 화산 활동 모형을 은박 접시의 가운데에 올립니다.

❹ 고체 연료에 불을 붙여 은박 접시를 가열하고, 나타나는 현상을 관찰합니다.

✦ 조심해요 ✦

❶ 실험복, 보안경, 실험용 장갑을 제대로 착용합니다.

❷ 가열한 화산 모형과 은박 접시, 가열 기구는 충분히 식은 후에 정리합니다.

❸ 고체 연료에 불을 붙인 채로 가열 기구를 옮기지 않습니다.

❹ 불을 켜고 끌 때 불이 다른 곳에 옮겨붙지 않도록 조심합니다.

❺ 연기가 발생하는 실험이므로 환기에 유의합니다.

실제 화산 활동처럼 화산 활동 모형 실험에서도 타는 냄새와 연기가 납니다. 안쪽에서 바깥으로 흘러나온 빨간색 액체는 마시멜로가 녹은 것으로, 시간이 지나면서 점차 굳습니다. 이때 화산 활동 모형에서 나온 연기는 화산 가스에 해당하며, 안에서 밖으로 흘러나온 빨간색 액체는 용암과 같습니다. 시간이 지나 굳은 마시멜로는 용암이 굳어서 만들어진 암석이라고 볼 수 있습니다. 다만 실제 분화구에서는 화산이 분출할 때 화산재와 화산 암석 조각 등이 튀어나오지만 화산 활동 모형에서는 이러한 물질이 분출하지 않습니다.

✦ 정리해요 ✦

❶ 실제 화산 활동이 일어날 때 나타나는 현상은 무엇인가요?

· ·

❷ 화산 활동 모형을 가열할 때 나타나는 현상은 무엇인가요?

· ·

❸ 화산 활동 모형 실험과 실제 화산 활동의 공통점과 차이점은 무엇인가요?

공통점	차이점

❹ 화산 활동 모형 실험에서 나오는 물질은 실제 화산 분출물 중 무엇에 해당하나요?

화산 실험 분출물	실제 화산 분출물

➡

<지구와 우주> 영역

IV. 화산과 지진

2. 화산 활동으로 생긴 화강암과 현무암은 어떤 특징이 있을까요?

마그마가 굳어져서 만든 암석을 화성암이라고 합니다. 우리 주변에서 비교적 쉽게 볼 수 있는 화강암과 현무암은 대표적인 화성암입니다. 화강암과 현무암을 자세히 관찰하고, 특징을 비교하여 봅시다.

탐구 활동 화강암과 현무암 관찰하기

✦ **준비해요** ✦

흰 종이, 화강암과 현무암 표본, 돋보기, 면장갑

| 화강암 | 현무암 |

✦ **활동해요** ✦

❶ 흰 종이 위에 화강암과 현무암을 올려놓습니다.

❷ 돋보기로 두 암석의 색깔과 알갱이의 크기, 표면 등을 관찰하고 서로 비교해 봅시다.

✦ **조심해요** ✦

❶ 암석을 만질 때에는 면장갑을 착용합니다.

❷ 암석을 떨어뜨리거나 던져서 다치지 않도록 주의합니다.

❸ 암석이 거칠고 가루가 떨어질 수 있으므로 흰 종이 위에 놓고 관찰합니다.

✦ **정리해요** ✦

❶ 화강암과 현무암의 색깔은 어떤 차이가 있나요?

❷ 화강암과 현무암의 알갱이의 크기는 어떤 차이가 있나요?

화성암을 이루고 있는 알갱이의 크기는 마그마가 식는 빠르기에 따라 달라집니다. 화강암은 마그마가 땅속 깊은 곳에서 천천히 식으면서 만들어지므로 알갱이의 크기가 큽니다. 반면 현무암처럼 마그마가 지표 가까이에서 빠르게 식어서 만들어진 암석은 알갱이가 충분히 커지지 못하기 때문에 크기가 작습니다.

화성암의 색깔은 암석을 구성하고 있는 알갱이의 성분에 따라 달라집니다. 화강암은 밝은색 광물들로 구성되어 있어서 전체적으로 색이 밝고 반짝입니다. 현무암은 어두운색 광물이 많이 포함되어 있어서 대체로 회색이나 검은 빛을 띱니다.

더 나아가기   **우리나라에서 화강암과 현무암을 볼 수 있는 곳은 어디인지 알아봅시다.**

<운동과 에너지> 영역

선생님의
수업 영상

I. 전기의 이용

1. 전구에 불을 켜려면 어떻게 해야 할까요?

깜깜한 밤, 집안을 밝히기 위해 전등에 불을 켜 본 적이 있을 거예요. 전등은 어떻게 켜지는 걸까요? 전등 안에 있는 전구에는 다양한 전기 부품들이 연결되어 있습니다. 여러 가지 전기 부품을 관찰하여 쓰임새를 익히고, 전구에 불을 켜려면 어떻게 해야 하는지 알아봅시다.

탐구 활동 ① 여러 가지 전기 부품 관찰하기

✦ **준비해요** ✦

전지(1.5V), 전지 끼우개, 전구(1.5V), 전구 끼우개, 집게 달린 전선, 스위치, 안전 장갑

✦ **활동해요** ✦

❶ 여러 가지 전기 부품을 관찰하고, 각각 어떤 쓰임새가 있는지 생각하여 봅시다.

❷ 전지를 끼운 전지 끼우개와 전구를 끼운 전구 끼우개, 스위치와 집게 달린 선선을 여러 가지 방법으로 연결하고 변화를 관찰하여 봅시다.

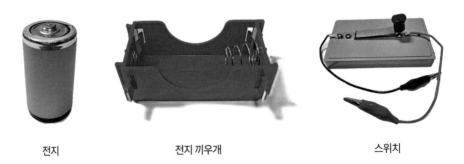

| 전지 | 전지 끼우개 | 스위치 |

전구

전구 끼우개

집게 달린 전선

✦ 조심해요 ✦

❶ 집게 달린 전선을 만질 때 집게 부분에 손이 끼이지 않도록 주의합니다.

❷ 유리로 된 전구가 깨지지 않도록 조심합니다.

❸ 전기 부품을 만질 때에는 안전 장갑을 착용합니다.

✦ 정리해요 ✦

❶ 각각의 전기 부품은 어떤 특징과 쓰임새를 가지고 있나요?

전지	전지 끼우개	스위치

전구	전구 끼우개	집게 달린 전선

❷ 전기 부품을 어떻게 연결하였을 때 변화가 나타났나요?

전지는 전기 에너지를 공급해 줍니다. 전구는 전기가 흐르면 불이 켜지고, 전선은 전기 부품을 서로 연결하는 역할을 합니다. 전지 끼우개와 전구 끼우개를 사용하면 전지와 전구를 전선에 쉽게 연결할 수 있습니다. 스위치는 원하는 때에 전기를 공급하거나 끊는 역할을 합니다. 이와 같이 전기 부품을 서로 연결하여 전기가 흐르도록 한 것을 전기 회로라고 합니다.

전기 부품을 자세히 살펴보면 전기가 잘 통하는 금속 부분과 전기가 거의 통하지 않는 부분이 있는 것을 확인할 수 있습니다. 전기 부품의 모든 부분에 전기가 흐르면 전기 부품을 만졌을 때 감전이 될 수 있어 위험합니다. 또 전기 부품에 전기가 계속해서 흐르면 전기 부품이 제대로 작동하지 않을 수도 있습니다. 전기 부품을 연결할 때에는 전구에 불이 켜질 수 있도록 전기가 흐르는 금속 부분끼리 연결해야 합니다.

전구에 불이 켜지는 회로 찾기

✦ **준비해요**✦

전지(1.5V), 전지 끼우개, 전구(1.5V), 전구 끼우개, 집게 달린 전선, 스위치, 안전 장갑

✦ **활동해요**✦

❶ 제시된 사진 (ㄱ)~(ㄹ)과 같이 전기 회로를 꾸미고, 전구에 불이 켜지는 것과 켜지지 않는 것을 찾아봅시다.

❷ 전구에 불이 켜지는 전기 회로를 관찰하고, 전지, 전구, 전선을 어떻게 연결할 때 전구에 불이 들어오는지 이야기해 봅시다.

✦ **조심해요** ✦

❶ 집게 달린 전선을 연결할 때 집게 부분에 손이 끼이지 않도록 주의합니다.

❷ 불이 켜진 전구는 뜨거우니 손으로 만지지 않습니다.

❸ 전기 부품을 만질 때에는 안전 장갑을 착용합니다.

❹ 유리로 된 전구가 깨지지 않도록 조심합니다.

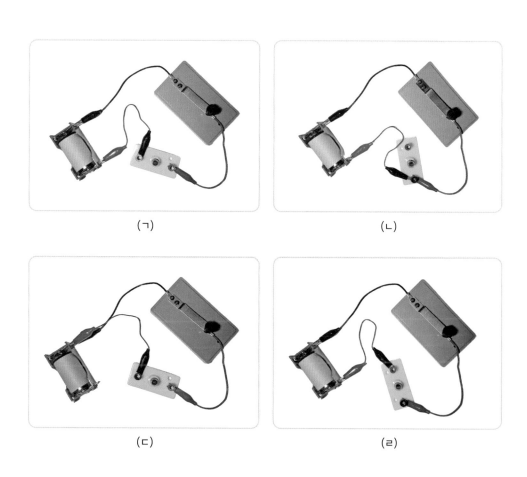

(ㄱ)

(ㄴ)

(ㄷ)

(ㄹ)

✦ 정리해요 ✦

❶ 전구에 불이 켜지는 전기 회로는 어느 것인가요?

❷ 전구에 불이 켜지는 전기 회로는 어떤 특징이 있나요?

   전기 회로에서 전구에 불이 들어오게 하려면 전지, 전구, 전선을 끊기지 않게 연결해야 합니다. 그리고 전구를 전지의 (+)극과 (−)극에 각각 연결하면 전구에 불이 켜집니다.

<운동과 에너지> 영역

I. 전기의 이용

2. 전지의 수에 따라 전구의 밝기는 어떻게 변할까요?

불이 켜지는 전기 회로에서 전지의 수를 다르게 하여 연결할 때 전구의 밝기는 어떻게 달라지는지 알아봅시다.

탐구 활동

전지의 수에 따른 전구의 밝기 비교하기

✦ **준비해요** ✦

전지(1.5V) 2개, 전지 끼우개 2개, 전구(3V), 전구 끼우개, 집게 달린 전선, 스위치, 안전 장갑

✦ **활동해요** ✦

❶ 전지 한 개로 전기 회로를 꾸미고 전구의 밝기를 관찰해 봅시다.

❷ 전지 두 개를 서로 다른 극끼리 한 줄로 연결하여 전기 회로를 꾸미고, ❶에서 관찰한 전구의 밝기와 비교해 봅시다.

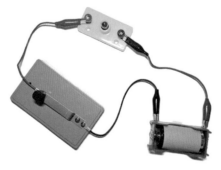
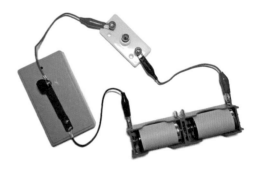

(ㄱ) 전지 한 개로 전기 회로 꾸미기   (ㄴ) 전지 두 개로 전기 회로 꾸미기

TIP 주변이 밝아서 전구의 밝기 차이를 구별하기 어렵다면 전구 뒤에 검은색 종이를 놓고 관찰하거나, 휴대전화 카메라 등으로 사진을 찍어 사진으로 밝기를 비교할 수도 있습니다.

✦ **조심해요** ✦

❶ 집게 달린 전선을 연결할 때 집게 부분에 손이 끼이지 않도록 주의합니다.

❷ 불이 켜진 전구는 뜨거우니 손으로 만지지 않습니다.

❸ 전기 부품을 만질 때에는 안전 장갑을 착용합니다.

✦ **정리해요** ✦

❶ 전구의 밝기가 더 밝은 것은 어느 것인가요?

⋯⋯⋯⋯⋯⋯⋯⋯⋯⋯⋯⋯⋯⋯⋯⋯⋯⋯⋯⋯⋯⋯⋯⋯⋯⋯⋯⋯⋯⋯⋯⋯⋯⋯⋯⋯⋯⋯

❷ 전구가 더 밝게 켜지는 전기 회로는 어떤 특징이 있나요?

⋯⋯⋯⋯⋯⋯⋯⋯⋯⋯⋯⋯⋯⋯⋯⋯⋯⋯⋯⋯⋯⋯⋯⋯⋯⋯⋯⋯⋯⋯⋯⋯⋯⋯⋯⋯⋯⋯

여러 개의 전지를 서로 다른 극끼리 연결하는 방법을 전지의 직렬 연결이라고 합니다. 전지 두 개를 연결할 때 한 전지의 (+)극을 다른 전지의 (−)극에 연결하면 전지 한 개를 연결할 때보다 전구의 밝기가 더 밝아집니다.

더 나아가기 **리모컨은 전지를 직렬로 연결하여 사용하는 제품입니다. 리모컨의 전지를 직렬로 연결하는 까닭은 무엇일까요?**

\<생명\> 영역

IV. 우리 몸의 구조와 기능

2. 소화 기관의 생김새와 하는 일을 알아볼까요?

우리는 음식물을 통해 살아가는 데 필요한 영양소를 얻습니다. 섭취한 음식물을 우리 몸이 흡수할 수 있는 형태로 잘게 쪼개고 분해하는 과정을 소화라고 합니다. 소화 기관에는 입, 식도, 위, 작은창자, 큰창자와 같이 소화에 관여하는 기관과 간, 쓸개, 이자처럼 소화를 돕는 기관이 있습니다. 소화 기관의 생김새와 하는 일에 대하여 알아봅시다.

탐구 활동 **소화 기관의 생김새와 하는 일 알아보기**

✦ **준비해요** ✦

소화 기관 모형, 소화 기관 관련 도서, 스마트 기기

✦ **활동해요** ✦

❶ 소화 기관 모형을 보고 소화 기관의 생김새를 관찰하여 봅시나.

❷ 스마트 기기와 참고 도서를 활용하여 소화 기관이 하는 일을 조사하여 봅시다.

✦ **정리해요** ✦

❶ 활동을 통해 알게 된 소화 기관의 생김새와 하는 일을 정리하여 봅시다.

소화 기관	생김새와 하는 일	소화 기관	생김새와 하는 일
입		작은창자	
식도		큰창자	
위		항문	

❷ 음식물이 이동하는 경로를 정리하여 봅시다.

➡   ➡   ➡   ➡   ➡

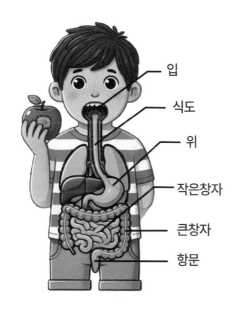

입

식도

위

작은창자

큰창자

항문

음식물의 소화는 입에서부터 시작됩니다. 입에서는 이로 음식물을 잘게 부수고 혀로 음식물과 침을 섞어 삼킬 수 있도록 합니다. 침과 섞인 음식물은 긴 관 모양의 식도를 타고 위로 내려갑니다. 위는 볼록한 주머니 모양으로 위벽에 많은 주름이 있습니다. 위는 소화액을 분비하여 음식물을 잘게 쪼개고 죽처럼 만듭니다.

작은창자는 길이 약 7m에 달하는 꼬불꼬불한 관 모양으로, 내벽에 많은 주름과 융털이 있어서 영양소를 흡수하기에 좋습니다. 작은창자는 소화를 돕는 액체를 내보내어 음식물을 더 잘게 부수고, 영양소와 물을 흡수합니다. 음식물 찌꺼기에 남은 수분은 굵은 관 모양의 큰창자에서 흡수되며, 소화되지 않은 음식물 찌꺼기는 항문을 통해 밖으로 배출됩니다.

입으로 들어간 음식물은 '입 → 식도 → 위 → 작은창자 → 큰창자'를 거쳐 소화됩니다. 간, 쓸개, 이자는 음식물이 이동하는 통로는 아니지만, 소화액을 분비하여 소화를 도와주는 역할을 합니다.

더 나아가기 **소화 기관에서 발생할 수 있는 질병에 대해 조사하고, 우리 몸의 소화 기관을 건강하게 유지하기 위하여 내가 할 수 있는 일을 찾아 실천하여 봅시다.**

\<생명\> 영역

IV. 우리 몸의 구조와 기능

3. 호흡 기관의 생김새와 하는 일을 알아볼까요?

　　호흡이란 숨을 들이마시고 내쉬는 과정을 말합니다. 코, 기관, 기관지, 폐와 같이 호흡을 담당하는 기관을 호흡 기관이라고 합니다. 우리 몸에 들어온 공기 속 산소는 혈액을 통해 온몸으로 이동하여 몸을 움직이거나 몸속 기관이 일을 하는 데에 사용됩니다. 호흡 기관의 생김새와 하는 일에 대하여 알아봅시다.

탐구 활동 호흡 기관의 생김새와 하는 일 알아보기

✦ **준비해요** ✦

　호흡 기관 모형, 호흡 기관 관련 도서, 스마트 기기

✦ **활동해요** ✦

　❶ 호흡 기관 모형을 보고 호흡에 관여하는 기관의 생김새를 관찰하여 봅시다.

　❷ 스마트 기기와 참고 도서를 활용하여 호흡 기관이 하는 일을 조사하여 봅시다.

✦ **정리해요** ✦

　1. 활동을 통해 알게 된 호흡 기관의 생김새와 하는 일을 정리하여 봅시다.

호흡 기관	생김새와 하는 일
코	
기관	
기관지	
폐	

2. 숨을 들이마시고 내쉴 때 공기가 이동하는 경로를 정리하여 봅시다.

❶ 숨을 들이마실 때 :

➡   ➡   ➡

❷ 숨을 내쉴 때 :

➡   ➡   ➡

코는 공기가 드나드는 곳입니다. 굵고 긴 관처럼 생긴 기관은 공기가 이동하는 통로로, 공기 속의 나쁜 물질을 효과적으로 걸러냅니다. 기관과 폐를 연결하는 기관지는 나뭇가지처럼 여러 갈래로 갈라져 있어서 코로 들어온 공기를 폐로 쉽게 전달할 수 있습니다.

코
기관
기관지
폐

가슴 쪽에 넓적한 주머니 모양을 한 폐는 좌우 한 쌍으로 갈비뼈에 둘러싸여 있습니다. 폐는 몸에 필요한 산소를 받아들이고, 몸속에서 생긴 이산화탄소를 몸 밖으로 내보내는 역할을 합니다.

숨을 들이마실 때에는 몸 밖의 공기가 '코 → 기관 → 기관지 → 폐'의 순서로 이동하여 우리 몸에 필요한 산소를 공급합니다. 반대로 숨을 내쉴 때에는 몸속에서 생긴 이산화탄소를 포함한 공기가 '폐 → 기관지 → 기관 → 코'를 거쳐 몸 밖으로 배출됩니다.

더 나아가기 **호흡 기관에서 발생할 수 있는 질병에 대해 조사하고, 우리 몸의 호흡 기관을 건강하게 유지하기 위하여 내가 할 수 있는 일을 찾아 실천하여 봅시다.**

이미지 출처 목록

페이지	이미지 제목	출처
6	한반도 위성 지도	대한민국 국가지도집
6	설악산	ⓒ한국관광공사 포토코리아-윤현
6	평사리 들판	ⓒ한국관광공사 포토코리아-한국관광공사-박동철
6	독도	ⓒ한국관광공사 포토코리아-양지뉴 필름
6	화천 평화의 댐	ⓒ한국관광공사 포토코리아-한국관광공사 박성근
6	안동 하회마을	ⓒ한국관광공사 포토코리아-양지뉴 필름
6	해운대 해수욕장	ⓒ한국관광공사 포토코리아-한국관광공사 김지호
8	우리나라의 지형도와 지형 단면도	대한민국 국가지도집
8	우리나라의 해안선(백지도)	국토지리정보원 어린이 지도 여행
10	봄-진해 여좌천	ⓒ한국관광공사 포토코리아-한국관광공사 김지호
10	여름-대천해수욕장	ⓒ한국관광공사 포토코리아-한국관광공사 김지호
10	가을-덕수궁	ⓒ한국관광공사 포토코리아-한국관광공사 구본상
10	겨울-영암 월출산	ⓒ한국관광공사 포토코리아-김재열
11	여름철 바람	국토정보플랫폼 국토정보맵
11	겨울철 바람	국토정보플랫폼 국토정보맵
11	1월 평균 기온	기상청-기상자료개방포털-新기후평년값('91-'20) 기후도
11	8월 평균 기온	기상청-기상자료개방포털-新기후평년값('91-'20) 기후도
13	연평균 강수량 지도	기상청-기상자료개방포털-新기후평년값('91-'20) 한국기후도
13	계절별 강수량 지도-봄	기상청-기상자료개방포털-新기후평년값('91-'20) 기후도
13	계절별 강수량 지도-여름	기상청-기상자료개방포털-新기후평년값('91-'20) 기후도
13	계절별 강수량 지도-가을	기상청-기상자료개방포털-新기후평년값('91-'20) 기후도
13	계절별 강수량 지도-겨울	기상청-기상자료개방포털-新기후평년값('91-'20) 기후도
15	비파형 동검	국립중앙박물관
15	탁자식 고인돌	국가유산 지식이음 누리집-한국고고학전문사전
17	칠지노	국립중앙박물관
18	백제 산수무늬 벽돌	국립중앙박물관
18	고구려 광개토대왕릉비	국립중앙박물관
18	신라 진흥왕 순수비	국립중앙박물관
20	신라의 삼국 통일 과정	우리역사넷
24	우리나라 - 백두산	https://pixabay.com
24	우리나라 - 한라산	ⓒ한국관광공사 포토코리아-라이브스튜디오
24	하와이 - 다이아몬드헤드	https://commons.wikimedia.org
24	뉴질랜드 - 화이트 아일랜드	https://www.needpix.com
25	아이슬란드 - 리틀리 흐루튀르	https://commons.wikimedia.org
25	필리핀 - 마욘	https://commons.wikimedia.org
28	화강암	https://flic.kr/p/2mDcKXk
28	화강암	https://commons.wikimedia.org
28	현무암	https://flic.kr/p/qzbn1R
28	현무암	https://flic.kr/p/2had8Vv